SIGA-ME

PREFÁCIO DE
FRANCIS CHAN

SIGA-ME

O CHAMADO DE JESUS PARA A VIDA ETERNA

DAVID PLATT

Traduzido por
Fernanda Camargo

THOMAS NELSON
BRASIL®
Rio de Janeiro
2023

Título original: *Follow Me: A Call to Die. A Call to Live.*

As citações bíblicas são da *Nova Versão Internacional* (NVI), da Biblica, Inc., a menos que seja especificada outra versão da Bíblia Sagrada.

Os pontos de vista desta obra são de responsabilidade de seus autores, não refletindo necessariamente a posição da Thomas Nelson Brasil, da HarperCollins Christian Publishing ou de sua equipe editorial.

Publisher	Omar de Souza
Gerente editorial	Samuel Coto
Editor	André Lodos Tangerino
Assitente-editorial	Bruna Gomes
Produção editorial	Daniel Borges do Nascimento
Capa	Rafael Brum
Preparação de originais	Mariana Gouvêa
Revisão	Luiz Antonio Maia Maria Fernanda Barreto Fernanda Silveira
Diagramação e projeto gráfico	Abreu's System

CIP-BRASIL. CATALOGAÇÃO NA PUBLICAÇÃO
SINDICATO NACIONAL DOS EDITORES DE LIVROS, RJ

P778s

Platt, David

Siga-me: o chamado de Jesus para a vida eterna / David Platt; tradução Fernanda Camargo. – [2. ed.]. – Rio de Janeiro: Thomas Nelson, 2018.

Tradução de: Follow me
ISBN 9788578605681

1. Jesus Cristo. 2. Discipulado (Cristianismo). 3. Evangelização. I. Camargo, Fernanda. II. Título.

18-48521 CDD: 269.2
CDU: 2-766

Thomas Nelson Brasil é uma marca licenciada à Vida Melhor Editora S.A.

Rua da Quitanda, 86, sala 218 – Centro –
20091-005 Rio de Janeiro – RJ –
Brasil Tel.: (21) 3175-1030
www.thomasnelson.com.br

Para Caleb, Joshua, Mara Ruth e Isaiah...
Mais que tudo, oro para que cada um de
vocês encontre sua vida na morte dele.

Sumário

Prefácio

Minha jornada pessoal

Fiz o que todos esperavam de mim. Construí uma megaigreja, escrevi um *best-seller*, fundei uma faculdade, plantei outras igrejas e palestrei em conferências; mas eu tinha um grande problema: faltava-me paz. Com base no que li na Bíblia, havia muitas incoerências. Meu estilo de vida não se assemelhava ao de Jesus e a Igreja sobre a qual li em Atos dos Apóstolos parecia distante demais da minha realidade. Reconheço que Jesus viveu em uma cultura diferente e que o livro dos Atos foi escrito a respeito de um período específico da história, mas estou convicto de que certas qualidades deveriam estar sempre presentes nos cristãos e na Igreja.

Não foi surpresa para mim e para minha esposa Lisa quando sentimos que o Senhor nos direcionava para uma nova aventura. Depois de dezessete anos de um ministério produtivo em uma cidade (toda a nossa vida como casal), deixamos amizades profundas e insubstituíveis para trás a fim de mergulhar no desconhecido. Não recomendo isso a ninguém. Esse não é o plano de Deus para todos; mas foi para nós. Simi Valley não parecia mais um lugar onde eu era necessário para espalhar o evangelho. Aquele tempo tinha sido suficiente para nós. Não é verdade que todas as nossas decisões deveriam ser baseadas no que trará o maior benefício para o Reino de Deus?

Eu não aceitava a grande quantidade de igrejas que ensinavam a Bíblia naquela pequena cidade. Tinha dificuldades para entender a concentração de tantos líderes religiosos em uma igreja enquanto outras cidades careciam de liderança ou eram completamente negligenciadas. Estava frustrado com minha incapacidade de motivar pessoas a estruturarem suas vidas em torno do discipulado. Eu era capaz de encher uma sala e pregar um sermão; mas não conseguia descobrir como instigar as pessoas a deixar aquela sala e efetivamente fazer discípulos. Eu conseguia gerar motivação; mas não urgência. Eu sabia que Jesus queria mais do que isso para sua Igreja; mas não sabia exatamente o que e nem como conduzir o povo nessa direção.

Agora, olhando para trás posso ver que parte do problema era o meu exemplo. Sabemos que é difícil ensinar nossos filhos a ter um comportamento do qual não somos modelos. Eu dizia às pessoas que fizessem discípulos, mas passava meus dias resolvendo problemas e preparando sermões. Eu queria que as pessoas compartilhassem sua fé regularmente, apesar de eu raramente fazê-lo. Esperava que a igreja florescesse enquanto eu mesmo mantinha minha rotina.

A paz começou a fluir novamente em mim quando vendemos nossa casa, fizemos as malas e nos mudamos em família para a Ásia. É estranho como as incertezas podem trazer paz, ao passo que a comodidade pode trazer o contrário. Escolhemos a Ásia porque ouvi muitas histórias sobre a fé dos cristãos naquele continente. Eu queria testemunhar isso pessoalmente e descobrir se o Senhor estava me chamando para lá. Eu achava que poderia me encaixar melhor em outro país e ser mais útil em uma cultura diferente. Independentemente do resultado, estava gostando do processo. Era empolgante estar em um país estrangeiro, orando com minha família e perguntando ao Senhor se ele queria que ficássemos. Em vários aspectos, era a realização de um sonho.

Aprendemos muito enquanto estivemos na Ásia, mas concluí que eu ainda não tinha terminado minha missão nos Estados Unidos. Deus queria que eu levasse o que havia aprendido com os cristãos da China e da Índia e aplicasse nos EUA. A paixão e o comprometimento deles me lembravam do que eu havia lido nas Escrituras. Eles demonstravam o cristianismo do Novo Testamento em pleno século XXI. Mostravam como o evangelho se espalha de forma rápida e eficaz quando cada cristão faz discípulos. Tenho certeza de que a mentalidade e a abordagem dessas pessoas em relação à Igreja podem provocar a mesma transformação no meu país; mas nós precisamos estar dispostos.

Portanto, estou de volta aos Estados Unidos. Ainda não tenho total clareza a respeito da abrangência do plano de Deus para mim, mas esta tem sido uma das melhores fases de minha vida. Passo a maior parte de meus dias em São Francisco, com um grupo de amigos que explicam o evangelho individualmente a quem quiser ouvir. Estamos desenvolvendo uma Igreja em que o discipulado é fundamental e a unidade é natural. Estamos rapidamente nos tornando uma família. Descobri que é muito mais fácil superar desentendimentos com companheiros de luta que se sacrificam para fazer discípulos.

Tenho mais paz em relação a minha busca por aqueles que não conhecem Jesus (sou menos covarde). Tenho observado um crescimento espiritual tremendo em meus filhos. Adoro vê-los compartilhar sua fé e ouvir o entusiasmo deles ao testemunhar o sobrenatural. Aprendemos que Deus responde muitas orações de forma milagrosa. Somos menos apegados ao mundo e mais focados na eternidade. Minha esposa e meus filhos estão se tornando mais parecidos com Jesus e nosso estilo de vida, mais coerente com o que ensina o Novo Testamento. Como disse minha filha de dezesseis anos depois de nosso primeiro evento de evangelização, "parecia que havíamos saído de dentro da Bíblia".

A igreja da qual faço parte ainda é um trabalho em andamento, mas está caminhando na direção certa. Está se tornando mais e mais parecida com o que vejo nas Escrituras. Nela há vida, amor, sacrifício, compromisso e poder. Passo grande parte de meu tempo fazendo discípulos e o ministério está fazendo sentido dentro deste cenário.

Durante muito tempo lutei com o aspecto matemático. As coisas faziam sentido quando eu liderava cinquenta pessoas e as via impactando outras quinhentas. Sentia-me como um dirigente bem-sucedido. Fazia sentido quando eu era responsável por quinhentos trabalhadores e os via alcançar cinco mil. Mas foi aí que ocorreu a pane no sistema. Fui incumbido da enorme responsabilidade de liderar cinco mil pessoas. É uma mão de obra de peso! E apesar de vermos coisas boas acontecerem, não consegui fazer com que elas continuassem multiplicando. O crescimento que vimos não fazia sentido considerando o tamanho do exército. A conta não fechava. Eu estava desperdiçando recursos.

A questão não é ter uma igreja grande ou pequena; mas como manter a grande comissão no centro da mente de cada cristão. É ajudar a igreja a ir além do "venha e ouça" e evoluir para o "vá e fale".

É ver cristãos experimentando vida abundante e a Igreja de Jesus brilhando intensamente.

Transformando cada dia em uma viagem missionária

Você já fez uma viagem missionária? Não foi fascinante? Por alguns dias você explorou um país estrangeiro com um grupo de cristãos e concentrou-se no ministério. Vocês riram juntos ao experimentar comidas estranhas e tentar falar o idioma. Você chorou ao testemunhar a miséria. Talvez você até tenha enfrentado doenças, condições adversas ou mesmo perseguição.

Se por um lado foi bom voltar ao conforto de sua casa, por outro lado você ficou desapontado. Você estava de volta ao "mundo real". Aquela paz que sentiu enquanto fazia a obra do Reino, de repente desvaneceu-se. Você voltou a uma rotina na qual sentia que muito do que fazia não tinha nenhum valor eterno. Mas e se fosse possível prolongar o entusiasmo e a paz? E se a vida pudesse ser uma viagem missionária contínua? Será que isso seria possível no "mundo real"?

Não só é possível como é o que Deus quer para nós.

Você se lembra do versículo que muitos de nós ouvimos quando começamos a estudar o evangelho? "O ladrão vem apenas para roubar, matar e destruir; eu vim para que tenham vida, e a tenham plenamente" (João 10:10).

A vida que Deus nos dá é de abundância. Deve ser plena; não repetitiva. Ele quer que façamos coisas que tenham frutos eternos. Ele quer que nos ocupemos expandindo seu Reino de um jeito ou de outro, a cada dia. Isso não significa que todo cristão deva deixar seu emprego e se mudar para outro país, mas significa que devemos descobrir como tornar cada dia relevante para os propósitos de Deus.

Paulo disse isso da seguinte maneira: "Nenhum soldado se deixa envolver pelos negócios da vida civil, já que deseja agradar aquele que o alistou" (2Timóteo 2:4).

A maioria de nós não faz o contrário? Ocupamos-nos com "negócios da vida civil" e ocasionalmente entramos na batalha quando nos sentimos compelidos a isso. Estar envolvido em um "estilo de vida civil" tornou-se norma aceitável. Chega a ser um estilo aplaudido, desde que possamos realizar algumas atividades ocasionais pelo Reino. Mas a Bíblia não nos diz para viver de maneira diferente? Você não acha que sua vida seria mais abundante se conseguisse descobrir uma forma de estar no campo de batalha todo dia?

Você pode estar analisando sua vida e imaginando não ter alternativas. Uma pessoa com contas para pagar, família e responsabilidades não está destinada a se envolver nos "negócios da vida civil"?

Absolutamente não. Você e eu fomos feitos para mais do que isso.

Se há uma ordem, há um caminho

Jesus jamais daria uma ordem impossível de ser cumprida. Sempre que permite a tentação, providencia uma saída (ver 1Coríntios 10:13). Sempre que nos dá uma tarefa, nos equipa com o poder necessário para realizá-la (ver Filipenses 2:12-13; 4:13,19). Dar-nos uma ordem sem nos fornecer também o poder para obedecer a ela tornaria a vida frustrante, não *abundante*.

Executar tarefas com excelência é uma das alegrias da vida. Gostamos de tirar nota máxima em uma prova depois de termos estudado como loucos ou ganhar um jogo depois de competir dando o melhor de nós mesmos. Admiramos um atleta olímpico ao vê-lo ganhar a medalha de ouro depois de anos de dedicação. Apreciamos ver o trabalho árduo recompensado.

Deus nos criou para boas obras (ver Efésios 2:10). E o melhor: Deus não apenas nos dá a ordem, não apenas nos dá o poder para obedecer a ordem, mas também nos recompensa quando fazemos o que ele mandou! Isso é vida abundante.

Talvez a tarefa mais memorável dada por Jesus esteja no fim do Evangelho de Mateus. Ela se destaca pelo estilo dramático usado para proferir o mandamento. *Ele ressuscitou dos mortos* e então prefaciou a ordem com as palavras: "Foi-me dada toda a autoridade no céu e na terra" (Mateus 28:18). Ninguém em sã consciência ignoraria as seguintes palavras da boca de Jesus:

> Portanto, vão e façam discípulos de todas as nações, batizando-os em nome do Pai e do Filho e do Espírito Santo, ensinando-os a obedecer a tudo o que eu lhes ordenei. E eu estarei sempre com vocês, até o fim dos tempos. (Mateus 28:19-20)

Jesus queria seguidores de todas as nações da terra, portanto ordenou que seus discípulos os alcançassem e os treinassem. E foi exatamente o que fizeram; mas o trabalho ainda não terminou. Ele espera que sigamos os passos dos discípulos e estruturemos nossa vida de modo que nossas ações girem em torno do cumprimento dessa missão.

O nascimento da Igreja é narrado em Atos 2, quando 3 mil pessoas se converteram. Há estimativas de que por volta do ano 100 d.C. havia 25 mil seguidores. Por volta do ano 350 d.C. as estimativas apontam para mais de 30 *milhões* de seguidores.[1]

Como pôde a igreja crescer a esta velocidade incrível, especialmente sob perseguição? Os primeiros seguidores entenderam sua obrigação de fazer discípulos. Vemos a mesma mentalidade na Igreja da China — portanto, não deveríamos nos surpreender ao tomar conhecimento de que os resultados também são os mesmos. A China registrava 1 milhão de seguidores em 1950. Em 1992, o Escritório Nacional de Estatísticas da China contabilizava 75 milhões de cristãos.[2] É tão impossível crer que os cristãos possam ter a mesma mentalidade de discipulado e experimentar o mesmo tipo de reavivamento nos Estados Unidos?

No final das contas, não importa se você gosta dessa estratégia ou não. Na verdade, não temos opção. Essa é a premissa de uma ordem.

Você se arriscaria muito se ignorasse uma tarefa que seu chefe lhe deu no trabalho. A maioria de nós jamais pensaria em fazer isso. Então, como podemos ignorar as ordens do Rei do universo, que um dia voltará como Juiz?

O mandamento pode parecer pesado demais. Muitas pessoas já têm vidas atribuladas e sentem-se, às vezes, à beira de um colapso nervoso. Como poderia Jesus, que disse "o meu jugo é suave e o meu fardo é leve" (Mateus 11:30), lançar um fardo tão pesado sobre nós? A resposta está em pensar a quem você tem seu jugo amarrado — a quem está unido. Imagine a figura de dois bois sob um jugo. Agora imagine-se dividindo seu jugo com Jesus! Quem não iria querer isso? Isso não seria mais uma honra do que um fardo?

Jesus encerra seu mandamento nos confortando: "E eu estarei sempre com vocês, até o fim dos tempos" (Mateus 28:20). Ele promete acompanhar seus trabalhadores até que o serviço esteja concluído. É isso que nos dá paz, confiança e até mesmo expectativa.

Perdendo oportunidades?

Quando as pessoas dizem que não se "sentem próximas de Jesus", pergunto-lhes se estão fazendo discípulos. Afinal, sua promessa de permanecer conosco está diretamente ligada ao mandamento de fazer discípulos. Apesar de todo cristão desejar experimentar o poder do Espírito Santo, frequentemente nos esquecemos de que o poder do Espírito nos é dado com o propósito de sermos sua testemunha (ver Atos 1:8). Experimentar Deus, que é o desejo de todo cristão verdadeiro, acontece quando somos suas testemunhas e fazemos discípulos.

Não há nada mais empolgante do que experimentar o poder de Deus diretamente. Todos nós gostaríamos de estar com Elias quando invocou fogo do céu, andar com Daniel pela cova dos leões ou ouvir Pedro e João dizerem a um paralítico que se levantasse e andasse. Mas esses milagres aconteceram quando os servos de Deus viviam como testemunhas de Jesus em situações críticas. Perdemos a oportunidade de ver o poder do Espírito quando nos recusamos a viver pela fé. Perdemos oportunidades de experimentar Cristo quando não falamos em nome dele.

O mais triste é que poderíamos experimentar Deus, mas, em vez disso, experimentamos a culpa! Nosso medo de segui-lo ao longo de uma vida de formação de discípulos faz com que nos sintamos desapontados conosco.

Você não luta com esse tipo de culpa?

Você lê a Bíblia e crê que Jesus é o único caminho para o céu. Teme que aqueles que morrem separados de Cristo enfrentem um futuro horrível. Contudo, por algum motivo, você faz pouco esforço para alertar sua família e seus amigos. Vizinhos, colegas de trabalho e outras pessoas passam por você diariamente sem que você lhes diga uma única palavra sobre Jesus.

Você avalia sua vida e pensa: *Não faz sentido! Ou eu não creio de verdade na Bíblia ou não sou nem um pouco digno de amor. Estou mais preocupado em não ser rejeitado do que com o destino eterno de outra pessoa.*

Vivi boa parte da vida atormentado pela culpa, pois sabia que minhas ações não faziam sentido à luz de minhas crenças.

Deus não quer que vivamos dessa maneira. Ele nos quer livres da culpa e cheios de vida. Mas a solução está em não ignorar nossa culpa, nem justificar nossas ações comparando-nos com outras pessoas que são tão complacentes quanto nós. A resposta está no arrependimento. A mudança.

Vejo uma tendência em muitas igrejas em que as pessoas estão começando a *curtir* sermões convincentes. Saem sentindo-se quebrantadas em relação a seu pecado. A distorção é que elas começam a se sentir *vitoriosas em sua tristeza*. Gabam-se: "Acabo de ouvir a mensagem mais convincente da minha vida, e ela acabou comigo!" O foco está na convicção em si, e não na transformação que deveria produzir — mudança que não necessariamente ocorre quando ficamos concentrados na convicção. Nem sempre a culpa é benéfica. Só é boa se nos leva da tristeza à alegria do arrependimento.

Lembre-se de que o jovem rico foi embora triste enquanto Zaqueu (que também era rico) pulou de uma árvore com entusiasmo (ver Lucas 18–19). A diferença entre os dois foi o arrependimento. O jovem rico ficou triste porque não estava pronto para abrir mão de suas posses. Zaqueu abandonou seu orgulho e suas posses para seguir alegremente a Jesus. É isso que Cristo quer para nós.

É hora de trocar nossa culpa e nossa tristeza pela alegria do Senhor. Sem remorso.

> A tristeza segundo Deus produz um arrependimento que leva à salvação e não remorso, mas a tristeza segundo o mundo produz morte. (2Coríntios 7:9)

Termine forte

Todos nós já cometemos erros, e viver no passado pode nos destruir. A solução é aproveitar ao máximo o tempo que nos resta neste mundo.

Paulo fez uma declaração impressionante, registrada no livro de Atos:

> Eu lhes declaro hoje que estou inocente do sangue de todos. Pois não deixei de proclamar-lhes toda a vontade de Deus. (Atos 20:26-27)

Você não gostaria de poder dizer isso? Paulo foi capaz de viver bem consigo mesmo porque não desistiu. Ele disse tudo o que devia dizer! Quando sua vida estava próxima do fim, ele pôde dizer com propriedade:

> [...] Está próximo o tempo da minha partida. Combati o bom combate, terminei a corrida, guardei a fé. Agora me está reservada a coroa da justiça, que o Senhor, justo Juiz, me dará naquele dia; e não somente a mim, mas também a todos os que amam a sua vinda. (2Timóteo 4:6-8)

Assim como o atleta olímpico que espera para receber sua medalha de ouro, Paulo havia concluído seu trabalho. Ele agora apenas esperava sua "coroa". Paulo completou a missão que lhe fora dada. Bem parecido com Jesus, que disse: "Eu te glorifiquei na terra, completando a obra que me deste para fazer" (João 17:4).

Agora se imagine dizendo essas palavras a Deus!

Poderia haver algo melhor que se aproximar do trono de Deus ciente de que você concluiu o que ele havia pedido? É difícil acreditar que poderíamos, de fato, ouvir a voz de Jesus nos reconhecendo diante do Pai, mas ele prometeu:

> Quem, pois, me confessar diante dos homens, eu também o confessarei diante do meu Pai que está nos céus. Mas aquele que me negar diante dos homens, eu também o negarei diante do meu Pai que está nos céus. (Mateus 10:32-33)

É hora de pararmos de negá-lo. Há muito tempo que estamos perdendo oportunidades de experimentar sua presença e seu poder. É hora de superar nossos medos e começar o trabalho. O livro que está em suas mãos fala sobre viver a vida em paz como discípulo de Jesus e como encerrá-la com confiança fazendo discípulos dele. Este livro aborda a emocionante jornada da vida eterna que aguarda todo aquele que verdadeiramente responder ao simples convite de Jesus: "Siga-me."

Conheci David Platt nos bastidores de uma conferência em que ambos estávamos pregando no início de 2011. Olhando aquela plateia de milhares de pessoas, conversamos sobre como seria maravilhoso se pudéssemos de alguma forma encorajar e equipar aquela multidão para fazer discípulos. Ambos concordamos que deveríamos escrever um livro para explicar essa necessidade e quem sabe mobilizar as massas. Estou muito agradecido por este livro ter sido escrito.

Vivemos tempos animadores. Há milhares de pessoas nos Estados Unidos que veem os problemas na Igreja e estão comprometidas em promover mudanças. Estão se levantando verdadeiros seguidores que se recusam a ser espectadores ou consumidores. Jesus disse que devemos ir e fazer discípulos, portanto recusamos-no a permanecer sentados e inventar desculpas.

Oro para que você se junte ao número crescente de cristãos comprometidos em fazer discípulos, que efetivamente fazem discípulos, que incansavelmente fazem discípulos até que cada nação tenha tido a oportunidade de seguir Jesus.

Que outras opções temos?

Francis Chan

Capítulo 1
Cristãos não convertidos

Imagine uma mulher chamada Ayan

Ayan faz parte de um povo que se orgulha de ser 100% muçulmano. Pertencer à sua tribo é ser muçulmano. Tanto a identidade pessoal dela quanto sua honra familiar, seus relacionamentos e sua posição social são aspectos intimamente entrelaçados com o islamismo. Simplificando, se ela algum dia abandonar sua fé, imediatamente perderá a vida. Se a família de Ayan eventualmente descobrir que ela não é mais muçulmana, cortará sua garganta sem questionamentos ou hesitação.

Agora imagine-se conversando com ela sobre Jesus. Você começa dizendo-lhe o quanto Deus a ama, a ponto de enviar seu único Filho para morrer por seus pecados na cruz como seu salvador. Enquanto fala, você sente o coração de Ayan sendo amolecido e inclinado para o que está sendo dito. Entretanto, ao mesmo tempo, você sente que o espírito dela treme ao imaginar o que lhe custaria seguir Jesus. Com temor nos olhos e fé no coração, ela pergunta: "Como posso me tornar cristã?"

Há duas opções de resposta para Ayan. Pode-se dizer a ela o quão fácil é se tornar cristão. Se simplesmente concordar com algumas verdades e repetir uma oração específica, ela pode ser salva. Nada mais é necessário.

A segunda opção é dizer a verdade. Pode-se dizer a Ayan que o evangelho de Deus a está chamando para morrer.

Literalmente.

Morrer para sua vida.

Morrer para sua família.

Morrer para seus amigos.

Morrer para seu futuro.

E, ao morrer, viver. Viver em Jesus. Viver como membro de uma família global que inclui todas as tribos. Viver com amigos de todas as eras. Viver em um futuro onde a alegria durará para sempre.

Ayan não é uma pessoa imaginária. Ela é uma mulher real que conheci e que fez uma escolha real de se tornar cristã — de morrer para si e viver para Cristo, custe o que custar. Por causa de sua decisão, foi forçada a abandonar sua família e se isolar dos amigos. Contudo, ela agora trabalha na estratégia e no sacrifício de espalhar o evangelho entre seu povo. O risco é alto já que, todo dia, ela morre novamente para si a fim de viver em Cristo.

Sua história é um lembrete claro de que o chamado inicial de Cristo é um convite inevitável para morrer. Tal chamado tem sido claro desde os primórdios do cristianismo. Quatro pescadores estavam à beira-mar no primeiro século quando Jesus os abordou. "Sigam-me", disse Jesus, "e eu os farei pescadores de homens" (Mateus 4:19). Com isso Jesus convocou aqueles homens a deixar para trás suas profissões, suas posses, seus sonhos, suas ambições, suas famílias, seus amigos e sua segurança. Ele ordenou que abandonassem tudo. "Se alguém quiser acompanhar-me, negue-se a si mesmo", disse Jesus repetidas vezes. Em um mundo em que tudo gira em torno do "eu" — proteja-se, promova-se, preserve-se, divirta-se, conforte-se, cuide-se —, Jesus disse: "mate o seu 'eu'." E foi exatamente o que aconteceu. De acordo com as Escrituras e com a tradição, aqueles quatro pescadores pagaram um alto preço por seguir Jesus. Pedro foi crucificado de cabeça para baixo, André foi crucificado na Grécia, Tiago foi decapitado e João, exilado.

Contudo, eles creram que valia a pena pagar o preço. Esses homens encontraram, em Jesus, alguém por quem valia a pena perder tudo. Encontraram em Cristo um amor que excede o entendimento, uma satisfação que supera as circunstâncias e um propósito que transcende qualquer outra ambição neste mundo. Ávidos, dispostos e contentes, perderam suas vidas a fim de conhecer, seguir e proclamar o Cristo. Nas pegadas de Jesus, esses primeiros discípulos descobriram um caminho pelo qual valia a pena entregar suas vidas.

Dois mil anos depois, pergunto-me quanto nos distanciamos desse caminho. Em algum ponto, entre correntes culturais oscilantes e tendências de igrejas populares, parece que reduzimos a convocação de Jesus ao abandono total. As igrejas estão cheias de supostos cristãos que parecem satisfeitos em ter uma ligação casual com Cristo, mantendo aderência nominal ao cristianismo. Muitos homens, muitas mulheres e muitas crianças foram ensinados que se tornar um seguidor de Jesus implica simplesmente admitir determinados fatos ou dizer certas palavras. Mas isso não é verdade. Discípulos como Pedro, André, Tiago, João e Ayan nos mostram que o chamado para servir Jesus não é simplesmente um convite a fazer uma oração; é uma convocação à perda de nossas vidas.

Por que então deveríamos pensar que se tornar cristão significaria algo menos que isso? E por que *não* desejaríamos morrer para nós mesmos a fim de vivermos para Cristo? Sim, há um preço a ser pago ao darmos um passo fora desse cristianismo casual, confortável e cultural; mas vale a pena. Afirmando de forma mais apropriada, *ele* vale a pena. Jesus merece muito mais que crença intelectual. Há muito mais motivos para segui-lo do que monotonia espiritual. Há uma alegria indescritível a ser descoberta, satisfação profunda a ser sentida e um propósito eterno a ser cumprido ao morrermos para nós mesmos e vivermos para ele.

Por essa razão escrevi este livro. Em um livro anterior, *Radical*, busquei expor valores e ideias comuns em nossa cultura (e igreja), porém contrários ao evangelho. Meu objetivo era considerar pensamentos e coisas deste mundo que devemos abandonar a fim de seguir Jesus. O propósito deste livro é dar o próximo passo. Quero focar, em vez de em *o que* abandonamos, *em quem* nos apoiamos. Quero explorar não só a importância do que abandonamos neste mundo, mas também a grandeza daquele a quem seguimos neste mundo. Quero mostrar o que significa morrer para nós mesmos e viver para Cristo.

Convido-o a se juntar a mim na jornada das páginas a seguir. Ao longo do caminho, quero propor algumas perguntas específicas sobre frases comuns no cristianismo contemporâneo. Meu objetivo ao considerar essas questões não é corrigir ninguém que já tenha usado certas palavras, mas simplesmente desvendar potenciais perigos escondidos atrás de clichês populares. Mesmo levantando tais questões, não pretendo ter todas as respostas e não afirmo entender tudo que envolve seguir Jesus. Mas em tempos em que os fundamentos para se tornar e ser cristão são tão caluniados pela cultura e mal-interpretados pela Igreja, sei que Jesus é muito mais do que religião rotineira, à qual somos tentados a nos acomodar continuamente. E estou convencido de que, ao analisarmos seriamente o que Jesus de fato quis dizer com "siga-me", descobriremos que há muito mais prazer a ser experimentado nele, influência indescritivelmente maior a ser exercida com ele e um propósito muito mais elevado a ser realizado para ele do que qualquer outra coisa que este mundo possa oferecer. Como resultado, todos nós — cada cristão — iremos, de bom grado, ávida e voluntariamente, perder nossas vidas para conhecer e proclamar Cristo, pois é simplesmente isso que significa segui-lo.

Repita a seguinte oração

Tenho um amigo — vamos chamá-lo de João — cujo primeiro contato com o conceito de inferno foi durante um episódio de Tom e Jerry quando ainda era criança. Durante uma cena particularmente vívida, Tom foi mandado para o inferno por alguma maldade feita a Jerry. O que deveria ser um desenho animado engraçado deixou João morrendo de medo. Mais tarde ele se viu na igreja conversando com um senhor mais velho sobre o que havia visto.

Aquele senhor olhou para João e disse: "Bem, você não quer ir para o inferno, quer?"

"Não", respondeu o menino.

"Então, muito bem", disse o homem, "repita a seguinte oração: 'Querido Jesus...'"

João permaneceu calado. Depois de um silêncio constrangedor, percebeu que deveria repetir a oração e, embora hesitante, obedeceu. "Querido Jesus..."

"Sei que sou pecador e que Jesus morreu na cruz por meus pecados", continuou o homem.

João repetiu.

"Peço que entre em meu coração e me salve de meu pecado."

Novamente, João repetiu o que havia ouvido.

"Amém", concluiu o homem.

Em seguida o homem olhou para João e disse: "Filho, você está salvo de seus pecados e não precisa nunca mais se preocupar com o inferno."

Com certeza o que aquele homem disse ao meu amigo na igreja aquele dia não era verdade. Certamente não é isso que significa responder ao convite de Jesus para segui-lo. Contudo essa história representa o engano que se espalha como fogo incontrolável por todo o cenário cristão contemporâneo.

"Apenas peça que Jesus entre em seu coração."

"Simplesmente convide Cristo para entrar em sua vida."

"Repita esta oração e você será salvo."

Não deveria servir de alerta o fato de a Bíblia jamais mencionar tal oração? Não deveria nos chamar a atenção o fato de que em nenhuma parte a Bíblia instrui a "pedir que Jesus entre em seu coração" ou "a convidar Cristo para entrar em sua vida"? Contudo, é exatamente isso que uma multidão de cristãos professos foi encorajada a fazer, e a eles foi assegurado que, dizendo certas palavras, recitando uma oração específica, levantando a mão, marcando um "X" em um formulário, assinando um cartão ou indo à frente da igreja seriam cristãos e sua salvação estaria eternamente garantida.

Não é verdade. Com boas intenções e desejo sincero de alcançar o maior número de pessoas para Jesus, reduzimos, de forma súbita e enganosa, a magnitude do que significa segui-lo. Substituímos as palavras desafiadoras de Cristo por frases banais na igreja. Retiramos o sumo vital do cristianismo e colocamos um refresco artificial no lugar, para deixar o gosto melhor para as multidões — e as consequências são catastróficas. Neste exato momento, milhares de homens e mulheres pensam estar salvos de seus pecados, quando na verdade não estão. Inúmeras pessoas ao redor do mundo, culturalmente, pensam que são cristãs, quando biblicamente não o são.

"Nunca os conheci"

É possível? É possível você e eu professarmos ser cristãos, contudo não conhecermos Cristo? Sim. E, de acordo com Jesus, na verdade é bem *provável*.

Você se lembra das palavras de Jesus no fim de seu sermão mais famoso? Rodeado de pessoas efetivamente chamadas de discípulos, Jesus disse:

> Nem todo aquele que me diz: "Senhor, Senhor" entrará no Reino dos céus, mas apenas aquele que faz a vontade de meu Pai que está nos céus. Muitos me dirão naquele dia: "Senhor, Senhor, não profetizamos nós em teu nome? Em teu nome não expulsamos demônios e não realizamos muitos milagres?" Então eu lhes direi claramente: "Nunca os conheci. Afastem-se de mim vocês, que praticam o mal!" (Mateus 7:21-23)

Essas são algumas das palavras mais amedrontadoras de toda a Bíblia. Como pastor, passo algumas noites em claro, atormentado pelo pensamento de que *muitas* pessoas que frequentam a igreja no domingo poderão se surpreender um dia ao comparecerem diante de Jesus e dele ouvir: "Nunca os conheci. Afastem-se de mim!"

Todos estamos propensos ao engano espiritual — cada um de nós. Quando Jesus profere essas palavras em Mateus 7 não está falando sobre ateus, agnósticos, pagãos e hereges. Está falando sobre pessoas boas e religiosas — homens e mulheres que têm associação com Jesus e presumem que sua eternidade está segura, mas que um dia serão surpreendidas ao descobrirem que não está. Apesar de terem professado sua crença em Jesus e até realizado todo tipo de boa obra em seu nome, jamais o conheceram verdadeiramente.

Tal engano era provável entre as multidões do primeiro século e é provável nas igrejas do século XXI. Quando leio Mateus 7, penso em Tom, um homem de negócios bem-sucedido de Birmingham, que começou a frequentar a igreja da qual sou pastor. Ele passou toda a sua vida na igreja. Serviu praticamente em todos os ministérios que qualquer igreja tenha criado. Um dos pastores da sua antiga igreja até telefonou para um dos nossos para dizer como Tom era um homem maravilhoso e como ele seria útil como membro de nossa igreja.

O único problema foi que, apesar de ter servido na igreja por mais de cinquenta anos, Tom nunca tinha se tornado verdadeiramente um seguidor de Jesus. "Todos esses anos sentado nos bancos das igrejas e pensando conhecer Cristo, quando na verdade não o conhecia", disse.

Jordan, uma estudante universitária que frequenta nossa igreja, tem uma história similar. Conheça a jornada de Jordan em suas palavras:

> Orei convidando Jesus para entrar em meu coração aos cinco anos de idade. Essa oração serviu temporariamente como uma espécie de vale que me permitiria "sair do inferno de graça", enquanto eu continuava vivendo em pecado. Eu parecia estar melhor do que todos os outros estudantes do meu grupo de jovens, então isso servia para validar minha fé. Se essa validação não fosse suficiente, sempre que eu questionava minha fé, meus pais, pastores e amigos me diziam que eu era "cristã" por causa daquela oração que fiz e por parecer legal por fora. Portanto eles sabiam com certeza que eu estava "dentro".
>
> Mas meu coração ainda não estava aberto para compreender a graça. Era óbvio que a oração que fiz aos cinco anos não iria adiantar. Então o que eu fiz? O que faria qualquer pessoa que não estivesse disposta a admitir sua fragilidade e sua total depravação perante um Deus santo: "redediquei" minha vida a Cristo (termo que não foi cunhado na Bíblia, posso assegurar).
>
> Contudo, eu ainda estava morta em meus pecados, e não arrependida. Ainda pensava que as boas ações que realizei no passado e aquelas que eu continuaria fazendo no futuro serviriam para alguma coisa. Eu tinha certeza de que poderia me salvar. Liderei estudos bíblicos e participei de viagens missionárias, mas nada daquilo importava. Por natureza eu ainda era filha da ira.
>
> Durante meu primeiro ano de faculdade fui finalmente confrontada com a tensão extrema que há entre minha natureza pecaminosa e a santidade de Deus. Pela primeira vez entendi que a finalidade da cruz era justificar a ira de Deus que deveria ser direcionada a mim. Caí de joelhos em temor e tremor, em adoração e lágrimas e confessei que precisava de Jesus mais do que qualquer outra coisa neste mundo. Agora é com prazer que confesso que "fui crucificada com Cristo. Assim, já não sou eu quem vive, mas Cristo vive em mim" (Gálatas 2:20).

Depois de anos na igreja, Jordan passou por uma transformação intensa em sua vida — a de saber *a respeito* de Jesus para viver *em* Jesus. Ela passou da condição de quem trabalha por Jesus na tentativa de merecer o favor de Deus para aquela de quem anda com Jesus a partir do transbordamento da fé.

Não acho que as histórias de Tom e de Jordan sejam pontuais. Creio que expressam um problema que afeta o cristianismo contemporâneo. Exatamente como Tom e Jordan, uma multidão de homens, mulheres e crianças em todo o mundo está sentada confortavelmente sob o estandarte do cristianismo sem jamais ter considerado o preço de seguir Cristo.

O caminho difícil

Por isso é tão importante ouvirmos as palavras de Jesus em Mateus 7. Ele expõe nossa tendência perigosa de gravitar na direção do que é fácil e popular. Ouça seu alerta: "Entrem pela porta estreita, pois larga é a porta e amplo o caminho que leva à perdição, e são muitos os que entram por ela. Como é estreita a porta, e apertado o caminho que leva à vida! São poucos os que a encontram" (Mateus 7:13-14). Em outras palavras, há um caminho religioso largo, que é convidativo. Essa estrada bela, confortável e sempre muito cheia de gente é atraente e confortante. Tudo que é exigido de você é que tome a decisão de aceitar Cristo uma única vez e então não precisará se preocupar com seus mandamentos, seus padrões ou sua glória. Você, então, terá um passaporte para o céu e seu pecado, esteja ele manifestado em justificação própria ou autoindulgência, será tolerado ao longo do caminho.

Mas esse não é o caminho de Jesus. Ele nos chama para um caminho apertado, e a palavra "estreito" usada por Jesus está associada à dor, pressão, tribulação e perseguição em outras partes da Bíblia. O caminho de Jesus é difícil de seguir e odiado por muitos.

Apenas alguns capítulos depois dessas palavras em Mateus 7, Jesus disse a seus discípulos que eles sofreriam agressões físicas, traições, maus-tratos, isolamento e morte por seguirem o Mestre.

> Tenham cuidado, pois os homens os entregarão aos tribunais e os açoitarão nas sinagogas deles. Por minha causa vocês serão levados à presença de governadores e reis [...] O irmão entregará à morte o seu irmão, e o pai o seu filho [...] Todos odiarão vocês por minha causa. (Mateus 10:17,21, 22)

Em outra ocasião, logo após Jesus ter elogiado Pedro por sua confissão de fé nele como "o Cristo, o Filho do Deus vivo" (Mateus 16:16),

Jesus o repreendeu por não entender a magnitude do que isso significa. Como muitas pessoas hoje em dia, Pedro queria um Cristo sem a cruz e um salvador sem sofrimento. Jesus então olhou para Pedro e os outros discípulos e disse: "Se alguém quiser acompanhar-me, negue-se a si mesmo, tome a sua cruz e siga-me. Pois quem quiser salvar a sua vida, a perderá, mas quem perder a vida por minha causa, a encontrará" (Mateus 16:24-25).

Pouco antes de ir para a cruz, Jesus disse a seus discípulos: "[...] eles os entregarão para serem perseguidos e condenados à morte, e vocês serão odiados por todas as nações por minha causa" (Mateus 24:9). Em cada uma destas passagens do Evangelho de Mateus o convite para morrer é claro. O caminho que leva ao céu é arriscado, solitário e custoso neste mundo. Poucos estão dispostos a pagar o preço. Seguir Jesus implica perder sua vida — e encontrar nova vida nele.

Pouco tempo atrás eu estava trabalhando no norte da África, lado a lado com irmãs e irmãos perseguidos. Conversei com um homem que, poucos meses antes, teve a perna dilacerada em um bombardeio à igreja. Conversei com um pastor que compartilhou comigo como as mulheres de sua igreja estavam sendo sequestradas, abusadas e estupradas por serem cristãs. Jantei na casa de uma família que vivia a duas quadras do local onde um seguidor de Jesus havia sido assassinado a facadas no coração.

Ouvi a história de três cristãos que vieram dos Estados Unidos para trabalhar em um hospital naquela região. Nessa mudança, que a maioria das pessoas no mundo (e muitas na igreja) chamaria de tola e insensata, eles deixaram para trás conforto, carreira, família, amigos e segurança para compartilhar a bondade e a graça de Cristo em uma terra onde é proibido se tornar cristão. Dia após dia naquele hospital supriam necessidades físicas enquanto compartilhavam a verdade espiritual.

Eles sabiam que havia oposição ao trabalho deles, mas nada poderia tê-los preparado para o dia em que um homem entrou no hospital com um curativo falso na mão e um cobertor enrolado nos braços, como se carregasse um bebê. Ele entrou na área administrativa e imediatamente desenrolou o cobertor, revelando um rifle carregado. Começando por ali, ele percorreu todo o resto da clínica atirando nas pessoas, inclusive matando aqueles três irmãos.

Durante o tempo em que estive naquela região, aquele assassinato completou dez anos e então reservamos um tempo para lembrarmos-nos daqueles cristãos. Realizamos uma cerimônia perto do túmulo de Oswald Chambers. Consequentemente, naquele dia, achamos apropriado ler o conhecido devocional de Chambers, *Tudo para ele*. Foi como se as palavras de Chambers tivessem sido escritas para aquela ocasião. Ele dizia:

> Suponhamos que Deus diga a você para fazer algo que representa um enorme desafio ao seu bom senso e é totalmente contrário a ele. O que você fará? Irá abster-se? Se você criar o hábito de fazer algo fisicamente, você fará aquilo toda vez que for desafiado até abandonar o hábito com absoluta determinação. O mesmo aplica-se à esfera espiritual. Repetidas vezes você agirá exatamente de acordo com o que Jesus quer, mas sempre voltará ao real ponto de teste, até que esteja determinado a abandonar o próprio eu em total rendição a Deus. [...]
>
> Jesus Cristo exige o mesmo espírito irrestrito e aventureiro daqueles que depositam sua confiança nele. [...] Se uma pessoa decide fazer algo que valha a pena, haverá momentos em que precisará arriscar tudo para dar um salto no escuro. Na esfera espiritual, Jesus Cristo exige que você arrisque tudo em que se apoia ou acredita com base no senso comum e se entregue pela fé no que ele diz. Ao obedecer, você descobrirá imediatamente que aquilo que ele diz é tão solidamente consistente quanto o senso comum.
>
> Pelo teste do senso comum, as declarações de Jesus podem parecer loucura, mas quando você as avalia pelo critério da fé, suas descobertas encherão seu espírito com o fato maravilhoso de que elas são nada menos que as palavras de Deus. Confie completamente em Deus, e quando ele levá-lo a uma nova oportunidade de aventura e oferecê-la a você, certifique-se de abraçá-la. Agimos como pagãos na crise — apenas um na multidão ousa o suficiente para investir sua fé no caráter de Deus.[1]

As palavras de Chambers, lidas através das lentes da vida desses três mártires, nos desafiam a considerar a aparente loucura das palavras de Jesus:

> Se alguém vem a mim e ama o seu pai, sua mãe, sua mulher, seus filhos, seus irmãos e irmãs, e até sua própria vida mais do que a mim, não pode ser meu discípulo. E aquele que não carrega sua cruz e não me segue não pode ser meu discípulo. [...] Da mesma forma, qualquer de vocês que

não renunciar a tudo o que possui não pode ser meu discípulo. (Lucas 14:26-27,33)

Para todas as outras pessoas deste mundo, essas palavras parecem loucura. Mas para os cristãos, elas são vida. Para os poucos que escolhem abandonar a própria vida em busca da vontade de Deus e depositam sua confiança nele, a única coisa que faz sentido é seguir Jesus aonde quer que ele nos guie, custe o que custar.

E o ato de crer?

Diante dessa ênfase no preço de seguir Jesus, você pode se perguntar sobre passagens bíblicas nas quais parece que a salvação envolve simplesmente crer. Jesus disse a Nicodemos: "[...] Deus tanto amou o mundo que deu o seu Filho Unigênito, para que todo aquele que nele *crer* não pereça, mas tenha a vida eterna" (João 3:16, grifo nosso). Paulo e Silas falam ao carcereiro de Filipos: "*Creia* no Senhor Jesus Cristo, e serão salvos, você e os de sua casa" (Atos 16:31, grifo nosso). De acordo com a carta aos Romanos, "se você confessar com a sua boca que Jesus é Senhor e *crer* em seu coração que Deus o ressuscitou dentre os mortos, será salvo" (Romanos 10:9, grifo nosso). Com base nessas passagens, pode-se concluir que se tornar ou ser um cristão envolve apenas crer em Jesus.

Isso é totalmente verdadeiro, mas precisamos considerar o contexto a fim de entender o que a Bíblia quer dizer com *crer*. Quando Jesus convida Nicodemos a crer nele, está convidando-o a nascer de novo — a começar uma vida completamente nova e dedicada a servi-lo. Da mesma forma, quando o carcereiro de Filipos crê em Cristo, sabe que está se unindo a uma comunidade de cristãos que são espancados, flagelados e aprisionados por sua fé. O preço de seguir Cristo está claro. Igualmente, Paulo diz aos cristãos romanos que crer na ressurreição salvadora de Jesus dentre os mortos é confessar seu domínio soberano sobre suas vidas.

Em cada um desses versículos (e em muitos outros como esses), a crença em Jesus para a salvação envolve muito mais que mero consentimento intelectual. Afinal, até os demônios "creem" que Jesus é o Filho de Deus crucificado e ressurreto (ver Tiago 2:19). Tal "crença" claramente não salva; no entanto, essa "crença" é comum no mundo hoje em dia. Quase todos os viciados que encontro nas ruas dizem "crer" em Jesus. Uma grande quantidade de pessoas que conheço ao redor do mundo, incluindo hindus, animistas e muçulmanos professam algum nível de "crença" em Cristo. Diversos frequentadores de igreja indiferentes e amantes do mundo professam "crença" em Cristo.

Todos podemos professar publicamente uma crença que não apresentamos interiormente, mesmo (ou deveria dizer *especialmente*) na igreja. Ouça os gritos dos condenados em Mateus 7 enquanto clamam: "Senhor, Senhor!", e Jesus responde: "Nem todo aquele que me diz: 'Senhor, Senhor', entrará no Reino dos céus, mas apenas aquele que faz a vontade de meu Pai que está nos céus" (Mateus 7:21). Claramente, pessoas que afirmam crer em Jesus não têm garantia de eternidade no céu. Pelo contrário, apenas aqueles que obedecerem a Jesus entrarão em seu Reino.

No momento em que lê o que acabei de escrever, você poderá se animar e me perguntar: "David, você acabou de dizer que nossa salvação envolve *obras*?" Respondendo a essa pergunta, quero deixar claro: não é isso que estou afirmando.

Isso é o que *Jesus* está afirmando.

Agora vou tomar muito cuidado neste ponto, pois poderíamos começar a distorcer o evangelho e transformá-lo em algo que não é. Jesus não está dizendo que nossas obras são a *base* para a salvação. A graça de Deus é o *único* fundamento de nossa salvação — uma verdade que exploraremos mais no próximo capítulo. Mas em nosso ímpeto de defender a graça, não podemos negligenciar o óbvio no que Jesus está dizendo aqui (e também em muitas outras situações): somente os obedientes às palavras de Cristo entrarão em seu Reino. Se nossas vidas não refletem o fruto produzido quando se segue Jesus, então é tolice pensar que realmente somos seguidores de Cristo, antes de qualquer coisa.

Perigosamente enganado

Um estudo recente revelou que quatro entre cinco norte-americanos se identificam como cristãos. Desse grupo de indivíduos autointitulados cristãos, menos da metade frequenta a igreja semanalmente. Menos da metade crê, de fato, que a Bíblia é precisa e a maioria esmagadora não tem uma visão bíblica do mundo ao redor de si.

Entretanto, os pesquisadores foram além para identificar homens e mulheres descritos como "cristãos nascidos de novo" (como se houvesse algum outro tipo de cristão). Essas pessoas dizem ter assumido um compromisso pessoal com Jesus e creem que irão para o céu por terem-no aceitado como salvador. De acordo com a pesquisa, quase metade dos norte-americanos é de "cristãos nascidos de novo".

Mas dentro do grupo de "cristãos nascidos de novo", os pesquisadores descobriram que sua crença e seu estilo de vida são praticamente indistinguíveis daqueles observados no resto do mundo. Muitos dos "cristãos nascidos de novo" creem que suas ações podem lhes garantir um lugar no céu, outros pensam que cristãos e muçulmanos adoram o mesmo Deus, alguns acreditam que Jesus pecou enquanto esteve na terra e um grupo crescente de "cristãos nascidos de novo" descreve-se como ligeiramente comprometido com Jesus.[2]

Muitas pessoas usaram esses dados para concluir que os cristãos realmente não são tão diferentes das outras pessoas no resto do mundo. Mas não penso que essa interpretação da pesquisa seja correta. Acredito que o que fica extremamente claro a partir dessas estatísticas é a grande quantidade de pessoas no mundo que pensa ser cristã, mas não é. Há muita gente que pensa ter nascido de novo, mas está perigosamente enganada.

Imagine que você e eu combinamos um almoço em um restaurante, e você chega primeiro. Você espera, passam-se trinta minutos e eu ainda não cheguei. Quando eu finalmente apareço, completamente ofegante, digo: "Desculpe-me pelo atraso. O pneu do meu carro furou no caminho, e eu parei no acostamento para trocá-lo. Enquanto trocava o pneu, sem querer entrei na pista, e de repente um caminhão que passava a cem quilômetros por hora me atingiu de frente. Eu me machuquei, mas me levantei, terminei de colocar o estepe e dirigi até aqui."

Se eu contasse essa história, você saberia que eu estaria mentindo descaradamente ou estaria completamente insano. Por quê? Porque se alguém é atingido por um caminhão a cem por hora, essa pessoa terá uma aparência *bem* diferente da que tinha antes![3]

Com base nisso, sinto-me em terreno bastante seguro para dizer que quando alguém realmente se encontra face a face com Jesus, o Deus do universo em pessoa, e Jesus toca seu coração profundamente, salva sua alma das garras do pecado e transforma sua vida para que possa segui-lo, essa pessoa ficará diferente. *Muito* diferente. Pessoas que se dizem cristãs e têm vidas que não são diferentes das do resto do mundo, claramente não são cristãs.

Tal ilusão não é evidente apenas nos Estados Unidos; é predominante no mundo todo. Em minhas orações recentes por vários países do mundo, deparei com a Jamaica, um país que supostamente é 100% cristão. O guia de oração que uso trazia estas informações sobre a Jamaica: "O país tem o maior número de igrejas por metro quadrado no mundo, mas a maioria dos autointitulados cristãos na Jamaica sequer frequenta a igreja ou tem uma vida cristã."[4] Ao ler isso, meu coração foi tomado pela conclusão inevitável de que milhares de homens e mulheres na Jamaica pensam ser cristãos, mas não são. Eles se somam às inúmeras pessoas em vários países do mundo que se intitulam cristãs, mas não seguem Cristo.

A ilusão espiritual é perigosa — e condenatória. Qualquer um de nós pode se iludir. Somos seres pecaminosos, inclinados em favor de nós mesmos, propensos a achar que somos algo que não somos. A Bíblia diz que o deus deste mundo (Satanás) está cegando as mentes dos incrédulos para impedi-los de conhecer Cristo (ver 2Coríntios 4:4). Não se poderia dizer que uma das formas usadas pelo diabo para cegar essas pessoas é enganá-las, levando-as a crer que são cristãs quando na verdade não são?

O significado do arrependimento

Então, como uma pessoa se torna um verdadeiro seguidor de Jesus? O que acontece quando o caminhão da glória e da graça de Deus atinge a vida de alguém? O restante deste livro está dedicado a uma resposta a esta pergunta, mas, por um momento, considere uma única palavra que resume a convocação de Jesus.

A primeira palavra proferida pela boca de Jesus em seu ministério no Novo Testamento é clara: arrependam-se (ver Mateus 4:17). É a mesma palavra proclamada por João Batista em preparação para a vinda de Jesus (ver Mateus 3:2). Essa palavra também é o fundamento do primeiro sermão cristão no livro de Atos. Depois que Pedro proclama as boas-

-novas da morte de Cristo pelo pecado, a multidão lhe pergunta: "que faremos?" Pedro decididamente não pede que fechem os olhos, repitam uma oração ou levantem as mãos. Em vez disso, Pedro os encara com determinação e diz: "Arrependam-se" (ver Atos 2:37, 38).

Arrependimento é um termo bíblico rico que significa transformação elementar da mente, do coração e da vida de alguém. Quando alguém se arrepende, deixa de andar em uma direção para correr no sentido oposto. Daquele ponto em diante, aquela pessoa pensa, crê, sente, ama e vive de forma diferente.

Quando Jesus disse: "Arrependam-se", estava falando com pessoas que se rebelaram contra Deus em seus pecados e apoiavam-se em si mesmas para a salvação. A plateia de Jesus, predominantemente composta por judeus, acreditava que sua herança familiar, sua posição social, o conhecimento de regras específicas e a obediência a certas regras eram suficientes para justificá-los perante Deus.

Portanto, o chamado de Jesus ao arrependimento foi uma convocação à renúncia do pecado e de toda autodependência para a salvação. Somente abandonando o pecado e a si mesmos, poderiam os ouvintes de Jesus ser salvos.

Igualmente, quando Pedro disse: "Arrependam-se", estava falando com uma multidão que pouco tempo antes havia crucificado Jesus. Em seu pecado, aquelas pessoas mataram o Filho de Deus e estavam, então, sob o juízo dele. O chamado de Pedro ao arrependimento foi um clamor para que a multidão confessasse sua iniquidade, abandonasse seu estilo de vida e confiasse em Jesus como Senhor e Cristo.

Portanto, o arrependimento envolve, fundamentalmente, a renúncia do antigo modo de viver em favor de um novo. Deus diz a seu povo no Antigo Testamento: "Arrependam-se! Desvie-se dos seus ídolos e renuncie a todas as práticas detestáveis!" (Ezequiel 14:6). Igualmente, no Novo Testamento, o arrependimento requer abandonar os ídolos deste mundo e adotar um novo objeto de adoração (ver 1Tessalonicenses 1:9-10).

Lembro-me de um momento especial em uma igreja domiciliar na Ásia. Estávamos reunidos em um local secreto e isolado, no subúrbio de uma vila rural remota. As casas pobres daquela vila eram, de fato, armazéns de adoração a ídolos. Superstições satânicas eram abundantes, enquanto residentes eram convencidos de que precisavam de uma multiplicidade de deuses para protegê-los e suprir suas necessidades.

Uma mulher em particular chamou minha atenção durante nossas reuniões. Ela ouvia avidamente tudo que eu compartilhava da Palavra de Deus e era evidente que o Senhor a estava atraindo para si. No fim do dia, ela expressou o desejo de seguir a Jesus. Ficamos entusiasmados.

No dia seguinte, aquela nova irmã em Cristo voltou e me chamou para um canto junto com o pastor da igreja. Ela nos disse que sua casa estava cheia de falsos deuses que ela havia adorado a vida inteira e dos quais queria se livrar. O outro pastor e eu a acompanhamos até sua casa e ficamos chocados com o que vimos.

Dentro da casa de dois cômodos, pequena e escura, as paredes eram cobertas de cartazes pretos e vermelhos de falsos deuses. Por toda parte, estatuetas de barro e de madeira com aparência demoníaca estavam pelo chão e pelas mesas. Em um dos cômodos, uma imagem enorme estava presa à parede, com sua face sinistra olhando direto para nós.

Imediatamente começamos a retirar os cartazes e a recolher os ídolos, orando em voz alta por aquela mulher e pedindo as bênçãos de Deus sobre seu lar. Levamos todos os ídolos para a casa onde estávamos nos reunindo e fizemos uma fogueira do lado de fora. Naquele dia, começamos nossa meditação na Palavra de Deus em meio ao cheiro de deuses em chamas.

Essa cena é uma ilustração do que acontece na vida de todos os que se arrependem de seu pecado, renunciam a si mesmos e correm para Cristo com fé. Queimamos os ídolos deste mundo que no passado adoramos. Afastamos-nos deles para confiar em Jesus como o único que reconhecemos ser exclusivamente digno de nossa adoração.

Quando aquela mulher se tornou cristã, tornou-se óbvio que ela não mais poderia se curvar aos pés de falsos deuses em sua casa e que precisava se livrar deles. Da mesma forma, penso em Vasu, irmão indiano que costumava fazer oferendas e apresentar sacrifícios diariamente diante de uma multidão de deuses hindus. Ao se tornar um seguidor de Jesus, começou a abandonar aqueles ídolos. Penso também em Gunadi, anteriormente um muçulmano devoto, mas que passou a crer em Cristo como Salvador e Rei. Arrependido, abandonou os ensinos de Maomé para seguir os passos de Jesus.

Em circunstâncias assim, o arrependimento parece claro e óbvio. Cristãos convertidos de religiões animistas, do hinduísmo ou do islamismo devem abandonar os falsos deuses para seguir Cristo, e o arrependimento é evidente na transformação de suas vidas. Mas e as pessoas em um ambiente predominantemente "cristão" que não se curvam diante de ídolos nem oferecem sacrifícios a falsos deuses? Qual é a evidência de arrependimento em suas vidas?

Essa pergunta é extremamente importante, pois expõe uma falha fundamental na forma como frequentemente nos vemos. Quando pensamos em adoração a ídolos e a falsos deuses, frequentemente pensamos em pessoas de origem asiática carregando imagens esculpidas em madeira, pedra ou ouro, ou em tribos africanas executando danças ritualísticas ao redor de fogueiras sacrificiais. Mas não pensamos nos homens que consomem pornografia na internet ou assistem a filmes ou a programas de televisão pecaminosos. Não pensamos nas mulheres que compram compulsivamente e são obsessivamente consumidas pela preocupação com a própria aparência. Não consideramos homens e mulheres no Ocidente constantemente seduzidos pelo dinheiro e cegamente mergulhados no materialismo. Nem sequer pensamos em nossos esforços para subir a escada corporativa no trabalho, em nossa adoração incessante aos esportes, em nossa irritação quando as coisas não funcionam da forma como queremos, ou em nossas preocupações de que as coisas não sairão do nosso jeito, nossas compulsões alimentares, nossos excessos e todos os outros tipos de indulgências mundanas. Talvez o mais perigoso de tudo seja o fato de negligenciarmos a autorrealização espiritual e a autocorreção religiosa, que impedem muitos de nós de reconhecer nossa necessidade de Cristo. Não conseguimos entender que um cristão do outro lado do mundo creia que um deus de madeira possa salvá-lo, mas não enxergamos problemas em acreditar que religião, dinheiro, posses, comida, fama, sexo, esportes, *status* social e sucesso podem nos satisfazer. Pensamos realmente que temos menos ídolos para abandonar em nosso arrependimento?

Arrependimento é necessário para qualquer cristão em qualquer cultura. Isso não significa que quando alguém se torna cristão torna-se imediatamente perfeito e nunca terá de lutar contra o pecado novamente.[5] Mas significa que quando nos tornamos seguidores de Jesus rompemos conscientemente com a antiga maneira de viver e fazemos uma virada decisiva para um novo estilo de vida. Morremos para nosso pecado e para nós mesmos — nosso egocentrismo, nosso autoconsumo, nossa autojustificação, nossa autocomplacência, nosso esforço próprio e nossa autoexaltação. Nas palavras de Paulo, "já não sou eu quem vive, mas Cristo vive em mim" (Gálatas 2:20).

A partir do momento em que Cristo passa a viver em nós, tudo começa a mudar. Nossa mente muda. Pela primeira vez, percebemos quem Deus é, o que Jesus fez e o quanto precisamos dele. Nossos desejos mudam. As coisas deste mundo que antes amávamos, agora odiamos. As coisas de Deus que antes detestávamos, agora amamos. Nossa vontade muda. Vamos aonde Jesus nos envia, damos o que Jesus ordena e sacrificamos o que for preciso para viver em obediência firme à sua Palavra. Nossos relacionamentos mudam. Oferecemos nossas vidas ao amor uns pelos outros na Igreja, pois juntos espalhamos o evangelho ao mundo.

Acima de tudo, nossa razão para viver muda. Posses e *status* não são mais nossas prioridades. Conforto e estabilidade não são mais nossas preocupações. Segurança não é mais nosso objetivo, porque o ego não é mais nosso deus. Agora queremos a glória de Deus mais do que a própria vida. Quanto mais o glorificamos mais desfrutamos dele, e mais reconhecemos que é isso que significa biblicamente ser cristão.

Começa a jornada

Nas páginas a seguir, exploraremos a revolução que ocorre quando alguém fica face a face com Deus encarnado e ouve: "Siga-me." Iremos considerar a magnitude desse "me" ao qual somos convidados a seguir e nos admirar com a maravilha de sua graça em nosso favor. Ao descobrir como Deus transforma interiormente os discípulos de Jesus, veremos a vida cristã não como obrigação instituída, mas como um enorme prazer. Iremos desmascarar chavões cristãos populares e posicionamentos politicamente corretos que nos impedem de conhecer verdadeiramente e proclamar apaixonadamente o Cristo. Finalmente, nos descobriremos unidos a irmãos e irmãs em todo o mundo, trabalhando por um propósito abrangente e global lançado por Deus antes mesmo da fundação do mundo.

A jornada começa, no entanto, com a verdadeira compreensão do que significa ser cristão. Dizer que cremos em Jesus sem que haja conversão em nossa vida está muito distante da essência do que significa segui-lo. Não se iluda. Nosso relacionamento com Jesus e nossa condição perante Deus não se baseiam em uma decisão tomada, uma oração feita, um formulário assinado ou uma mão levantada muitos anos atrás. Em última instância, a vida cristã não começa quando você convida Jesus a entrar em seu coração. Como veremos no próximo capítulo, o convite parte do próprio Jesus.

Capítulo 2
O grande convite

Por toda a Bíblia Deus usa a imagem da adoção para descrever o relacionamento com seu povo. Essa imagem se tornou ainda mais significativa para mim e para Heather, minha esposa, quando escolhemos adotar nosso primeiro filho.

Começamos o processo pela escolha do lugar onde deveríamos adotar. Colocamos o mapa do mundo sobre a mesa e oramos: "Pai, leva-nos à criança que o Senhor deseja para nós." Ele nos dirigiu para uma adoção internacional no Cazaquistão. Eu mal sabia que o Cazaquistão existia antes disso, mas depois de meses de oração, enviamos nossa solicitação de adoção de uma criança cazaque.

Lembro que, pouco tempo depois, contei a uma senhora que estávamos adotando uma criança de outro país. Ela perguntou: "Uma criança de verdade?" Pensei comigo mesmo: *Que pergunta foi essa? Não, vamos adotar uma criança de plástico e colocá-la em cima da lareira para ficarmos olhando. Claro que estamos adotando uma criança de verdade!* Apesar de minha resposta ter sido mais gentil do que a que eu pensei, naquele momento a "ficha caiu": seríamos uma mamãe e um papai de verdade para um filho ou uma filha de verdade que, naquele momento, não tinha uma família de verdade que cuidasse dele ou dela.

O processo de adoção internacional pode ser longo e cansativo em muitos momentos. Alguns o descrevem como uma gravidez burocrática. Você basicamente precisa apresentar evidências sólidas para dois governos diferentes de que sua família é a ideal. Primeiro, nossa casa passou por uma avaliação, o que foi certo desafio, já que pouco tempo antes ela havia sido arrasada pelo furacão Katrina, em Nova Orleans. Com ajuda de familiares e de várias igrejas, montamos um apartamento provisório o mais rápido possível. Uma assistente social nos visitou e fez perguntas sobre nossa vida, nossa família, nosso casamento e nossa filosofia de criação de filhos. Como parte da avaliação, tivemos de ser cadastrados em aparentemente todas as organizações governamentais e civis existentes nos Estados Unidos.

Então, Heather e eu tivemos de passar por um exame médico que atestaria nossas boas condições de saúde como pais. Fomos ao consultório médico e tudo ia bem até chegarmos ao exame de vista. Fui o primeiro a entrar, e até hoje insisto que a iluminação era fraca no corredor onde estávamos. Com uma das mão cobrindo meu olho direito, comecei a ler as letras grandes, mas em pouco tempo eu já estava sofrendo com as letras de tamanho médio. Comecei a suar, pensando: *Não posso ser reprovado neste exame de vista e prolongar o processo de adoção*. A enfermeira percebeu que eu não estava indo bem e sugeriu que eu trocasse de olho. Tirei a mão do olho direito, e foi aí que percebi que, de tão nervoso, eu havia apertado tanto aquele olho que tudo ficou embaçado. Agora, nem as letras grandes eu conseguia ler. Eu estava visivelmente apreensivo, então a enfermeira disse: "Por que o senhor não se acalma, se levanta e deixa sua esposa fazer o exame? Depois o senhor pode tentar novamente."

"Ótimo", respondi, me afastando a fim de me recompor e refocalizar a visão. Assim que consegui me acalmar, enquanto Heather ainda fazia seu exame, com ambos os olhos abertos, li as letras e as memorizei. Quando chegou minha vez de tentar novamente, fiquei de pé, confiante, com um olho coberto, e li absolutamente todas as letras. A enfermeira ficou satisfeita por eu agora conseguir lê-las corretamente, e pensei: *Ei, se você quiser posso fazer isso com os dois olhos fechados!*

Depois das avaliações da casa, dos cadastros e dos exames médicos, começou o longo e agonizante processo de espera. Todos os dias pensávamos sobre nosso filho, imaginando se seria um menino ou uma menina e ansiando pelo dia em que poderíamos tê-lo nos braços.

Finalmente, um ano depois, recebi um e-mail. Trazia a foto de um menino. Nove meses de idade. Abandonado após o nascimento. Sem um lar, uma mãe e um pai. Imprimi a foto e corri para mostrá-la a Heather.

Nós rimos, choramos, vibramos, oramos e em duas semanas estávamos embarcando em um avião com destino ao Cazaquistão.

Foi um dia depois do Dia dos namorados, em 2007. Chegando à cidade natal de nosso filho, fomos imediatamente levados até o orfanato em que morava, onde a diretora nos encontrou e nos acompanhou até a uma pequena sala. Ela nos forneceu todas as informações médicas sobre nosso filho — e então aconteceu. Uma mulher surgiu na porta com um lindo bebê em seus braços. Não há como descrever com palavras como aquela sala imediatamente se encheu de emoção. A mulher nos entregou o menino e, pela primeira vez, Caleb Platt olhou nos olhos de sua mãe e de seu pai.

Durante as quatro semanas seguintes visitamos Caleb em seu orfanato. Nós o seguramos nos braços, o alimentamos, cantamos para ele, rimos com ele e rolamos no chão, até que finalmente chegou o dia de adotá-lo. Fomos instruídos sobre o que vestir, o que dizer e o que esperar quando nos apresentássemos diante do juiz cazaque. Nossos corações estavam disparados naquela sala do tribunal enquanto o processo se desenrolava. Depois de uma série de perguntas e testemunhos sobre a história de Caleb, o juiz declarou: "Concedo esta solicitação de adoção, e esta criança agora é filho de David e Heather Platt." Saímos da sala com lágrimas jorrando dos olhos, ansiosos para buscar Caleb no orfanato pela última vez.

Os paralelos entre a história de Caleb e o evangelho são muitos, mas quero ressaltar um que é particularmente significativo. Uma adoção como essa começa com a iniciativa dos pais, não a partir de uma ideia da criança. Antes mesmo de Caleb ter nascido no Cazaquistão, ele já tinha um pai e uma mãe trabalhando para adotá-lo. Enquanto Caleb passava noites sozinho no orfanato no Cazaquistão, já tinha uma mãe e um pai planejando adotá-lo. E um dia, quando foi colocado nos braços de seus pais, Caleb não tinha ideia de tudo que havia sido feito, independentemente de qualquer iniciativa própria para levá-lo até àquele ponto. Parece óbvio, mas é de extrema importância: aquele menino maravilhoso de dez meses de idade não nos convidou para ir ao Cazaquistão e trazê-lo para nossa família; ele sequer saberia fazer tal pedido. Não, aquela criança órfã se tornou nosso querido filho por causa de um amor que estava muito além de sua imaginação e completamente fora de seu controle. Ele não nos procurou, pois era completamente incapaz de fazê-lo. Em vez disso, nós o buscamos.

Esse é o cerne do cristianismo, e temos a tendência de ignorá-lo quando dizemos que tornar-se um seguidor de Jesus é convidá-lo a entrar em nossos corações. A realidade do evangelho é que não nos tornamos filhos de Deus por iniciativa própria, e ele não oferece a salvação como resposta a um convite nosso. Em vez disso, antes mesmo de nascermos, Deus já estava trabalhando para nos adotar. Enquanto estávamos sozinhos nas profundezas do pecado, Deus já estava planejando nos salvar. E a única maneira de nos tornarmos parte da família de Deus é por meio de um amor totalmente além de nossa imaginação e completamente fora de nosso controle. O cristianismo não começa com nossa busca por Cristo, mas com a busca dele por nós. O cristianismo não começa com um convite que fazemos a Jesus, mas com um convite que ele nos faz.

Mortos não fazem convites

Vamos analisar os antecedentes bíblicos que levaram àquele fatídico dia em que aqueles quatro pescadores ouviram pela primeira vez Jesus os convidando a segui-lo. Essa história do primeiro livro do Novo Testamento nos leva de volta ao primeiro livro do Antigo Testamento. Em Gênesis, o primeiro homem e a primeira mulher pecaram contra Deus e foram separados de sua presença. Órfãos de seu Criador como resultado de sua rebelião, eles geram descendentes pecadores, cuja história lemos no restante do Antigo Testamento.

Assassinato, maldade, imoralidade sexual e corrupção logo aparecem nas páginas da Bíblia. Bastam seis capítulos para ficar claro que a inclinação do coração de qualquer pessoa é constantemente má desde a infância (ver Gênesis 6:5; 8:21). O julgamento de Deus sobre a depravação humana é terrível e devastador — ele inunda a terra e destrói cidades pecaminosas.

A leitura das páginas do Antigo Testamento mostra as punições severas aos pecadores por seus pecados:

- Enquanto cai fogo do céu sobre Sodoma e Gomorra, Deus instrui Ló e sua família a escapar sem olhar para as cidades que ficavam para trás. Em desobediência, a mulher de Ló olha para trás e subitamente perde a vida (ver Gênesis 19).

- Quando faz chover fogo sobre o monte Sinai em uma demonstração de sua glória, Deus dá sua Lei e instrui seu povo a descansar no sábado. Pouco tempo depois um homem é encontrado recolhendo lenha no sábado e é levado perante o Senhor para julgamento. Em resposta ao pecado e à desobediência desse homem, o Senhor declara que ele deve ser apedrejado até a morte (ver Números 15).
- O mesmo destino é dado a Acã e sua família quando desobedecem ao mandamento de Deus de não levar despojos de uma batalha (ver Josué 7).
- Nadabe e Abiú, filhos de Arão, ofereceram fogo profano diante do Senhor no Tabernáculo e foram imediatamente consumidos (ver Levítico 10).
- Apesar de ser advertido a não tocar na arca da aliança, Uzá a segura para evitar que caia e morre imediatamente (ver 2Samuel 6).

Muitas pessoas leem histórias como essas no Antigo Testamento e ficam confusas. Afinal, Deus não é um Deus de amor? Essas punições pelo pecado não são um pouco severas? Aniquilado por olhar para trás? Apedrejado por juntar lenha? Consumido por uma oferenda errada e morto por um toque indevido?

Tais perguntas, apesar de sinceras, revelam um problema fundamental de nossa visão. Por natureza, enxergamos o pecado através de olhos centrados no homem. A razão de questionarmos se essas punições são severas demais é o fato de não conseguirmos nos imaginar respondendo dessa maneira se os ataques fossem contra nós. Quando alguém nos desobedece ou faz algo que havíamos solicitado que não fizesse, não decidimos que essa pessoa deve morrer.

Contudo, a punição pelo pecado não é determinada por nossa medida dele. Em vez disso, a punição pelo pecado é determinada pela magnitude daquele contra quem pecamos. Se pecamos contra um pedaço de madeira, não somos muito culpados. Por outro lado, se pecamos contra um homem ou uma mulher, somos absolutamente culpados. E se pecamos contra um Deus eterno e infinitamente santo, somos infinitamente culpados e merecedores de punição eterna.

Azeem, um árabe seguidor de Jesus e amigo meu, estava falando sobre o evangelho recentemente com um taxista em seu país. O motorista acreditava que iria pagar por seu pecado por pouco tempo no inferno, mas em seguida certamente iria para o céu. Afinal de contas, ele não havia feito tanta coisa errada.

Então Azeem lhe perguntou: "Se eu desse um tapa em seu rosto, o que você faria comigo?"

O taxista respondeu: "Eu te expulsaria do meu táxi."

Azeem continuou: "Se eu abordasse um homem qualquer na rua e lhe desse um tapa no rosto, o que ele faria comigo?"

O taxista disse: "Ele provavelmente chamaria uns amigos para bater em você."

Azeem perguntou: "E se eu desse um tapa no rosto de um policial? O que ele faria comigo?"

O motorista respondeu: "Com certeza você apanharia, e depois seria preso."

Finalmente, Azeem fez esta pergunta: "E se eu fosse até o rei do seu país e lhe desse um tapa? O que me aconteceria neste caso?"

O taxista olhou para Azeem e sorriu desajeitadamente. Ele lhe disse: "Você morreria."

Azeem então disse: "Logo, você percebe que a severidade da punição é sempre um reflexo da posição da pessoa contra quem se peca." E o taxista percebeu que estava subestimando gravemente a seriedade de seu pecado contra Deus.

E você? Tem subestimado a seriedade de seu pecado? É provável que você tenha sido levado a fazer isso na própria igreja. Durante muito tempo temos convencido uns aos outros de que somos fundamentalmente pessoas boas que apenas tomaram algumas decisões erradas. Se mentimos, enganamos, roubamos ou usamos o nome de Deus em vão, todos nós cometemos erros. Só precisamos convidar Jesus a entrar em nossos corações e ele perdoará todas essas coisas.

Mas presumir que possamos fazer esse tipo de convite demonstra que não entendemos a gravidade de nossa condição de pecadores. Em nosso pecado, somos totalmente incapazes de clamar a Cristo porque estamos completamente ocupados em fugir de Deus. No íntimo de nosso ser somos seus inimigos e não o desejamos toalmente. Claro que aceitamos uma cura instantânea para o pecado quando nos é oferecida — basta dizer qual oração fazer ou quais palavras pronunciar. Contudo, no mais profundo do nosso ser ainda somos controlados por corações pecaminosos que procuram uma maneira de salvar nossa pele enquanto vivemos para nós mesmos.

Antes que você pense que estou exagerando nossa pecaminosidade, veja o que diz a Bíblia.

- Em nosso pecado nos alienamos de Deus e somos seus inimigos (ver Colossenses 1:21).
- Somos escravos de nosso pecado e dominados por Satanás (ver João 8:34; 2Timóteo 2:26).
- Amamos as trevas e odiamos a luz (ver João 3:20; Efésios 4:18).
- Vivemos em impureza e maldade (ver Romanos 6:19).
- Nossa mente é depravada e cega à verdade pelas mãos do deus deste mundo (ver Romanos 1:28; 2Coríntios 4:4).
- Nossos desejos são licenciosos, nosso coração pecaminoso e as paixões vis de nossa carne guerreiam contra nossa alma (ver Romanos 1:26; 1Pedro 2:11).
- Nosso corpo está em degradação. Somos moralmente maus e espiritualmente doentes (ver Romanos 1:24; Gênesis 8:21; Mateus 9:12).

Veja o testemunho de Paulo no Novo Testamento ao resumir a verdade do Antigo Testamento:

> Não há nenhum justo, nem um sequer; não há ninguém que entenda, ninguém que busque a Deus. Todos se desviaram, tornaram-se juntamente inúteis; não há ninguém que faça o bem, não há nem um sequer. Suas gargantas são um túmulo aberto; com suas línguas enganam. Veneno de serpentes está em seus lábios. Suas bocas estão cheias de maldição e amargura. Seus pés são ágeis para derramar sangue; ruína e desgraça marcam os seus caminhos, e não conhecem o caminho da paz. Aos seus olhos é inútil temer a Deus. (Romanos 3:10-18)

Será que percebemos isso tudo? Nosso problema não é simplesmente termos tomado algumas decisões erradas. Nosso problema não é apenas termos estragado tudo. Nosso problema é que somos — no mais íntimo de nosso ser — rebeldes contra Deus e totalmente incapazes de nos aproximarmos dele.

É isso que a Bíblia quer dizer quando se refere a nós como mortos em pecado. Quando Paulo escreveu aos cristãos em Éfeso e disse: "Vocês estavam mortos em suas transgressões e pecados, nos quais costumavam viver" (Efésios 2:1, 2), o apóstolo quis dizer que estavam *completamente* mortos. Não parcialmente mortos. Não quase mortos. Não meio mortos. Não um pouco mortos. Mas *completamente* mortos.

Portanto, como poderia um morto convidar alguém para lhe dar vida? Antes de nascer, você convidou seus pais a tê-lo? Quando o coração de uma pessoa para de bater, ela convida alguém a ressuscitá-la? Não. Todas estas coisas são impossíveis para quem está morto. Igualmente, convidar Jesus a entrar em seu coração é impossível quando se está morto em pecado. Quando está morto, você precisa que outra pessoa, absolutamente além de si, o chame à vida e o capacite a viver.

Iniciativa graciosa

É isso que Deus faz em sua graça e é exatamente o que vemos por toda a Bíblia. Em meio ao mal generalizado, Deus chama Noé e o salva do Dilúvio. Em meio ao paganismo da cidade de Ur, Deus chama o idólatra Abrão e o convida a se tornar pai de uma grande nação. Enquanto seu povo era escravizado no Egito, Deus chama o assassino Moisés, de Midiã, para tirar as pessoas da escravidão. Em sua libertação, Deus diz ao povo de Israel, a quem havia chamado:

> O Senhor não se afeiçoou a vocês nem os escolheu por serem mais numerosos do que os outros povos, pois vocês eram o menor de todos os povos. Mas foi porque o Senhor os amou e por causa do juramento que fez aos seus antepassados. Por isso ele os tirou com mão poderosa e os redimiu da terra da escravidão, do poder do faraó, rei do Egito. (Deuteronômio 7:7-8)

Deus escolheu colocar seu amor sobre os israelitas não por causa de qualquer mérito deles, mas tão-somente pela graça divina.

A tendência continua. Apesar das qualificações óbvias de todos os outros filhos de Jessé, Deus designa o improvável Davi para se tornar o rei de Israel. Ele chama profetas como Elias, Eliseu, Isaías e Ezequiel. Deus diz a Jeremias: "Antes de formá-lo no ventre eu o escolhi; antes de você nascer, eu o separei e o designei profeta às nações" (Jeremias 1:5). Dentre a massa de pecadores de todo o Antigo Testamento, Deus estabelece relacionamentos com homens e mulheres a fim de que possam ser recebedores de sua graça para manifestação de sua glória.

Portanto, não nos surpreendemos quando chegamos ao Evangelho de Mateus e lemos sobre quatro judeus pecadores à beira-mar. Não há nada neles que possa atrair Cristo. Às vezes ouço sermões inspirados em Mateus 4:18-22 nos quais os pastores falam sobre todas as razões porque Jesus escolheria aqueles pescadores para serem seus discípulos. Eles dizem: "Os pescadores têm esta ou aquela habilidade, ou têm esta ou aquela perspectiva que seria essencial para um discípulo de Jesus."

Mas essa conjectura ignora todo o sentido da história. Jesus não chama esses discípulos *pelo* que são, mas *apesar* do que são. Eles não têm muitas qualidades a seu favor. São galileus da classe mais baixa, rurais e incultos. Provavelmente não muito respeitados, eles dificilmente fariam parte da elite cultural. Além disso, a ignorância extrema, o jeito limitado de pensar e agir, o preconceito judeu e o orgulho competitivo fazia desses homens os menos espiritualmente qualificados para a tarefa à qual Jesus os chamou.

Mas *esta* é a questão. Esses homens decididamente não têm atrativos que justifiquem a procura de Jesus. Contudo, ele os busca. Ele vai na direção deles enquanto trabalham e os convida a segui-lo. Mais tarde, ele lhes diz: "Vocês não me escolheram, mas eu os escolhi para irem e darem fruto, fruto que permaneça, a fim de que o Pai lhes conceda o que pedirem em meu nome" (João 15:16). Aqueles homens se tornaram discípulos de Jesus *apenas* graças à iniciativa — e ao convite — de Cristo.

A mesma história é compartilhada por todo homem e toda mulher que segue Jesus desde àquele dia descrito em Mateus 4. Ninguém jamais foi salvo de seus pecados por ter buscado Jesus. Qualquer pessoa salva de seus pecados sabe que Jesus a buscou — e sua vida nunca mais foi a mesma desde então.

O grande iniciador

Quando percebemos que Jesus é quem toma a iniciativa e nos convida a segui-lo, tudo muda — em vários níveis.

Em primeiro lugar, nossa alma é impactada pela grandeza daquele que nos chamou. Somos atingidos pela magnitude da expressão *siga-me*, pois nos maravilhamos com a majestade do "me" que pronuncia tais palavras.

Analisemos o retrato elucidativo e impressionante de Jesus, pintado por Mateus antes do encontro inicial entre Cristo e seus primeiros discípulos (ver Mateus 1–4). Mateus descreve Jesus como o Salvador que veio libertar homens e mulheres do pecado. Ele nos diz que Jesus é o Cristo, o Messias prometido, pelo qual o povo de Deus esperou tão ansiosamente por séculos. Em sua descrição do nascimento virginal, Mateus expõe a humanidade plena de Jesus, bem como sua divindade, deixando claro que Jesus é diferente de toda e qualquer pessoa que já nasceu ou venha a nascer. O nascimento de Jesus é anunciado por um grupo de sábios que viajou centenas de quilômetros para se curvar aos pés de sua manjedoura. Seu ministério é precedido pela proclamação de João Batista de que o Salvador, o Rei das nações e justo Juiz de todos os homens chegou. No fim de Mateus 3, o próprio céu se abre e Deus, o Pai, declara: "Este é o meu Filho amado, em quem me agrado" (Mateus 3:17). O começo de Mateus 4 retrata Jesus como o novo Israel que não sucumbirá ao pecado e o novo Adão que reinará vitorioso sobre Satanás. Depois disso tudo, quando Jesus se aproxima dos pescadores e diz: "Sigam-me, e eu os farei pescadores de homens" (Mateus 4:19), uma coisa fica muito clara — Jesus não é um mestre religioso frágil que implora por um convite de qualquer pessoa. Ele é o Senhor Todo-poderoso que merece submissão de todos.

Lembro-me do primeiro convite que recebi da Casa Branca. Quando abri minha caixa de entrada de e-mails e li o assunto "Do Gabinete da Presidência dos Estados Unidos", logo soube que não era uma mensagem corriqueira. Ao ler as palavras: "O presidente solicita o prazer de sua companhia em tal data, tal horário e tal sala da Casa Branca", comecei a pensar se era uma piada ou um convite real. Pesquisei um pouco para descobrir se era uma correspondência autêntica, e descobri que realmente era.

O convite era para a semana seguinte, e apesar de minha agenda ser normalmente bem cheia, cancelei todos os compromissos que tinha naquele dia para comparecer àquele encontro. Rapidamente comprei passagens aéreas para Washington e me certifiquei de chegar com bastante antecedência para me encontrar com o presidente. Tive a honra de receber esse convite dele, e reorganizei toda a minha agenda para aceitar.

Se essa foi minha reação — e suponho que a sua seria parecida — a um líder secular que governará um país por quatro, talvez oito anos, então imagina o quanto nossa vida mudaria diante do convite do próprio Deus eterno encarnado, o soberano de todo o universo? Percebemos o peso de quem nos convidou a segui-lo? Ele é digno de muito mais que simplesmente frequentar e participar casualmente de uma igreja; ele é digno de renúncia absoluta e adoração suprema.

O rei à porta

Contudo, até mesmo o exemplo de um convite do presidente não descreve com precisão suficiente o convite de Cristo. Porque Jesus não nos convidou para irmos até ele; pelo contrário, ele mesmo percorreu o caminho até nós. E se, em vez de receber um e-mail, alguém tivesse batido à porta e fosse o presidente me convidando para um encontro com ele?

Cody é um membro de nossa igreja que se mudou para a Tailândia a fim de ensinar o evangelho a universitários. Certa noite, um aluno chamado Annan o convidou para ir ao cinema. Eles chegaram e se sentaram para assistir ao filme, mas antes que começasse foi projetado um vídeo sobre o rei da Tailândia. Imediatamente todos no cinema se levantaram e aplaudiram, incluindo Annan. Algumas pessoas começaram a chorar de alegria. Enquanto o vídeo era projetado, as pessoas ficaram visivelmente emocionadas com a simples visão de seu rei na tela.

Quando o filme terminou e Cody e Annan saíram do cinema, Cody perguntou: "Por que todos reagiram com tanta emoção quando o vídeo sobre o rei da Tailândia foi projetado?"

Annan respondeu: "Ah, Cody, nós amamos, respeitamos e honramos nosso rei, pois ele é um rei que se preocupa com seu povo. Ele frequentemente sai de seu palácio e vai aos vilarejos e às comunidades tailandesas para estar perto do povo — para conhecê-lo e se identificar com ele. Sabemos que nosso rei ama o povo tailandês, e nós o amamos."

Ao ouvir aquilo, Cody percebeu que essa descrição servia para preparar o terreno para que compartilhasse a história de um Rei muito maior. Nos dias seguintes, Cody falou a Annan sobre como Deus, o Rei de todo o universo, nos ama de tal maneira que veio até nós na pessoa de Jesus. Ele se identificou conosco a tal ponto de levar sobre si todo o nosso pecado, a fim de nos salvar e tornar possível que o seguíssemos. Ao entender essa realidade gloriosa, Annan se tornou seguidor de Jesus — não porque ele estivera buscando o Rei Jesus, mas porque percebeu que o Rei Jesus o havia buscado.

Quando se trata de amor

Você percebe a maravilha disso tudo? Admire a majestade daquele que deixou seu trono de glória para vir até você e a mim. Para milhões de pessoas neste mundo essa é a mais estranha de todas as afirmações.

Um grupo de homens muçulmanos me disse certa vez no Oriente Médio: "Deus não se rebaixaria para se tornar homem." Estávamos sentados em um restaurante durante o Ramadã, mês santo islâmico durante o qual os muçulmanos jejuam de dia. Estávamos jantando após o pôr do sol e eles começaram a me perguntar sobre minha crença a respeito de Deus. Em resposta, comecei a falar sobre Jesus.

Quando lhes disse que Deus viera a nós na pessoa de Jesus, um dos homens, Raahil, me interrompeu e disse: "Isso não é verdade. Deus jamais faria isso. Seu caráter é muito elevado."

Respondi: "Concordo que o caráter de Deus é muito elevado e é exatamente por isso que ele veio ao mundo como homem."

"Não entendo", respondeu Raahil.

Então eu lhe disse: "Deixe-me contar uma história e em seguida fazer-lhe uma pergunta." Raahil consentiu e eu continuei. "A história é sobre mim e uma garota. Eu amava aquela garota e queria me casar com ela. Então, quando chegou o momento de dizer o quanto a amava e pedi-la em casamento, você acha que mandei algum amigo para passar essa mensagem no meu lugar?"

Raahil respondeu: "Não, claro que não. Você é quem deve dizer que a ama e pedi-la em casamento."

Eu disse: "Exatamente. Eu precisava ir até ela e dizer-lhe pessoalmente, pois quando se trata de amor, a própria pessoa precisa ir, certo?"

Raahil respondeu: "Sim, está certo."

Respondi então: "É assim que Deus nos mostra a grandeza de seu caráter. Afinal, ele não enviou uma pessoa ou um profeta, uma mensagem ou um mensageiro para comunicar seu amor por nós. Em vez disso, veio pessoalmente, pois quando se trata de amor, a própria pessoa precisa ir."

Raahil se recostou na cadeira e sorriu. Não pude deixar de pensar que, pela primeira vez, seu coração estava se abrindo para a ideia de que Deus demonstra a grandeza de seu amor não permanecendo distante de nós, mas vindo diretamente até nós.

A questão culminante da Bíblia

De fato, Jesus veio até nós, na forma de homem, a fim de suprir nossas necessidades. Veio viver a vida que não poderíamos viver — uma vida de obediência total e perfeita a Deus. Ele jamais pecou, fato que lhe garante a exclusividade de ser nosso Salvador. Os supostos cristãos que negam a ausência de pecado em Jesus demonstram não conhecê-lo verdadeiramente, pois ele só foi capaz de nos salvar pelo fato de não ter pecado.

Jesus veio viver a vida que nós não podíamos viver e morrer a morte que merecemos ter. Já vimos que até mesmo um único pecado perante um Deus eterno e infinitamente santo garante a punição eterna. Esta é a razão da vinda de Jesus — suportar a ira santa de Deus que nos era devida.

Meu livro *Radical* chamou a atenção da imprensa de várias maneiras. Em um artigo de jornal em particular, um repórter do *Birmingham News* fez o seguinte comentário sobre o livro: "No momento em que se populariza o truísmo de púlpito de que 'Deus odeia o pecado, mas ama o pecador', Platt argumenta que Deus odeia os pecadores."[1] De fato, foi uma citação direta do livro, mas o artigo não incluía o contexto do qual a citação foi extraída. Alguns membros da igreja, preocupados, começaram a me perguntar: "Pastor, o senhor acredita que Deus odeia os pecadores?" Algumas pessoas da cidade me enviaram e-mails não muito cordiais, dizendo: "Você está pregando o ódio nesta igreja e em toda a cidade."

Esta é uma daquelas situações em que me vejo em uma circunstância delicada por citar a Bíblia. Deus odeia os pecadores? Veja atentamente o que diz Salmos 5:5-6: "Os arrogantes não são aceitos na tua presença;

odeias todos os que praticam o mal. Destróis os mentirosos; os assassinos e os traiçoeiros o Senhor detesta."

Uau! Talvez eu não deveria ter dito que Deus odeia os pecadores. Provavelmente deveria dizer que ele os detesta e os destrói.

Essa não é uma afirmação isolada na Bíblia. Lemos quatorze vezes só nos primeiros cinquenta salmos sobre o ódio de Deus contra o pecador, sua ira contra o mentiroso e assim por diante. O Antigo Testamento não está sozinho nesse tema. No capítulo 3 do Evangelho de João — capítulo onde encontramos um dos mais famosos versículos sobre o amor de Deus (João 3:16) — também vemos um dos versículos mais negligenciados sobre a ira de Deus (João 3:36): "[...]quem rejeita o Filho não verá a vida, mas a ira de Deus permanece sobre ele."

Isso tudo levanta a questão — é realmente verdade que Deus odeia o pecado, mas ama o pecador? Bem, sim, é verdade em certo sentido, mas não totalmente.

Pense nisso. Como já vimos lá atrás em Gênesis, nosso pecado não é algo que existe fora de nós. O pecado está enraizado no cerne de nosso ser. Não apenas pecamos, mas existimos como pecadores. Portanto, quando Jesus foi à cruz para morrer, não estava apenas pagando o preço do pecado como se ele existisse dissociado de nós. Não estava apenas morrendo por nossa luxúria, mentira, fraude ou outros pecados. Em vez disso, estava pagando o preço devido por nós como pecadores. Estava morrendo por nós, em nosso lugar, como nosso substituto. Nas palavras do profeta Isaías, "[...] ele foi transpassado por causa das *nossas* transgressões, foi esmagado por causa de *nossas* iniquidades; [...] e o Senhor fez cair sobre ele a iniquidade de todos *nós*" (Isaías 53:5-6, grifo nosso). Quando foi esmagado sob o peso da ira de Deus na cruz, Jesus padeceu o que você e eu merecíamos sofrer. Ele suportou a punição total que cabia a nós, pecadores.

Entretanto, precisamos ser cuidadosos para não nos apoiar em clichês confortáveis que roubam da cruz parte de seu sentido. A realidade surpreendente da Bíblia é clara — nós somos pecadores. Nas palavras de Isaías, "Todos nós, tal qual ovelhas, nos desviamos" (Isaías 53:6). Entretanto, Deus é santo, e em sua justiça odeia tanto o pecado como o pecador. Contudo, Deus também é misericordioso e tem amor pelos pecadores. Assim, como pode Deus demonstrar tanto sua ira justa como seu amor pelos pecadores ao mesmo tempo?

Essa é a questão culminante da Bíblia e a resposta é a cruz de Cristo. Na cruz de Cristo, Deus expressa plenamente tanto sua ira como seu amor, enquanto Jesus é atacado, agredido, afligido, ferido, esmagado e castigado por causa de pecadores.

Deus odeia os pecadores? Absolutamente. Olhe para a cruz. Nela Jesus sofre o que nós deveríamos sofrer.

Deus ama os pecadores? Claro que sim. Olhe para a cruz. Nela Jesus nos salva de tudo que nos seria imputado.

Às vezes pergunto às pessoas: "Como você sabe que é cristão?" Ou: "Como você sabe que está salvo de seus pecados?" As respostas mais comuns que escuto dos que se dizem cristãos são: "Porque decidi confiar em Jesus", ou: "Porque pedi a Jesus que me salvasse muitos anos atrás", ou ainda: "Porque entreguei minha vida a Jesus". Note como cada uma dessas respostas começa com as palavras "porque eu". Tais respostas não estão erradas, e lhe garanto que meu objetivo não é ser o dono da verdade, mas de fato quero oferecer o que espero ser um lembrete saudável de que você e eu não fomos salvos porque *nós* decidimos fazer algo anos atrás. Em vez disso, fomos salvos de nosso pecado porque *Jesus* decidiu fazer algo há 2 mil anos. E é por causa de sua graça, sua misericórdia e seu amor ao vir até nós, pecadores completamente incapazes de salvar a si mesmos, que fomos convidados a segui-lo. O amor de Deus na vida e na morte de Cristo é o *único* alicerce para a salvação autêntica.

O Deus que busca

Em páginas anteriores, descrevi como Heather e eu planejamos adotar nosso filho Caleb antes mesmo de ele nascer, exatamente como Deus planejou adotar seus filhos. É isso que Paulo quer dizer quando escreve:

> [...] o Deus e Pai de nosso Senhor Jesus Cristo [...] nos escolheu nele antes da criação do mundo, para sermos santos e irrepreensíveis em sua presença. Em amor nos predestinou para sermos adotados como filhos por meio de Jesus Cristo, conforme o bom propósito da sua vontade, para o louvor da sua gloriosa graça, a qual nos deu gratuitamente no Amado. (Efésios 1:3-6)

Essas palavras suscitam admiração e espanto, não? Imaginar que antes que o sol fosse formado, antes que uma estrela fosse colocada no céu, antes que as montanhas fossem postas sobre a terra e antes que os oceanos fossem derramados sobre ela, o Deus Todo-poderoso nas alturas dirigiu seu olhar para a alma do cristão. Tal verdade é, ao mesmo tempo, extraordinária e estonteante.

Ele não apenas planejou amar seus filhos, mas buscou-os com seu amor. Muito além de nossa rebelião pecaminosa e nossa resistência egoísta, em Cristo, Deus busca seu povo. Como um pastor que deixa as 99 ovelhas a fim de procurar a centésima que está perdida, Deus vai em busca de seu povo (ver Lucas 15:1-7).

Essa imagem ganhou um significado completamente novo para mim certo dia, quando estava com um grupo de famílias de beduínos em um deserto no norte da África. A maioria deles jamais tinha ouvido falar sobre Jesus. Meu amigo Mark conhecia o líder de uma família em determinada tribo. O nome daquele homem era Zayed e ele havia convidado Mark e eu para visitá-lo. Naquela época, sua tribo estava perto de uma rodovia, então viajamos de carro por muitos quilômetros no meio do nada até deparamos com nômades.

Assim que saímos do carro, senti como se tivesse viajado no tempo. Caminhamos pelo deserto e nos encontramos com homens e mulheres sentados sob grandes cabanas, que ofereciam sombra para proteção contra o sol ardente sobre a cabeça. Fomos rodeados por animais de vários tipos e Zayed nos convidou a sentar com ele e os outros bem perto de um rebanho de ovelhas e cabras. Demonstrando hospitalidade e cordialidade, serviram-nos petiscos e começaram a aquecer uma bebida parecida com leite em um fogão improvisado montado no chão.

Enquanto ficamos sentados com eles, conversamos sobre os lugares por onde haviam passado recentemente e como viviam da terra. Os pastores do rebanho guiam suas famílias pelo deserto de um lugar para outro, levantando abrigo e encontrando alimento e água em diferentes ambientes de acordo com as estações. Seus animais os sustentam, e cuidar do rebanho é a ocupação diária daquelas pessoas.

Durante nossa conversa, contei-lhes a história da ovelha perdida registrada em Lucas 15. Disse-lhes como Jesus descreveu o pastor que perdeu uma ovelha de seu rebanho de cem e deixou as 99 para trás a fim de buscar a que se havia perdido. Encontrando-a, ele a colocou sobre os ombros e a levou de volta. Todos celebraram a ovelha que havia sido encontrada.

Quando terminei a história, todos em volta estavam assentindo com a cabeça. Zayed disse: "Todas as nossas ovelhas são valiosas. Se eu perdesse uma sequer, ficaria enlouquecido tentando encontrá-la. Eu não conseguiria dormir até achar a ovelha perdida. E quando a encontrasse, ficaria tão feliz e minha família se alegraria comigo."

Sorri e disse a Zayed, sua família e seus amigos: "Essa história é um retrato do amor de Deus por nós. Deus nos criou e somos preciosos para ele. E apesar de termos nos afastado dele, ele vem nos procurar. Para muitas pessoas pode parecer uma loucura absoluta, mas Deus enviou seu Filho para morrer na cruz pelo nosso pecado, a fim de nos salvar. Quero que saibam que da mesma maneira como vocês andam distâncias enormes à procura de uma ovelha, Deus também procura seus filhos em lugares longínquos até encontrá-los."

A graça de Deus que tudo supera

Mas alguém pode dizer que, certamente, é necessário crer no amor de Deus que procura seus filhos. Deus não é o único que trabalha no processo de salvação, é? Um homem ou uma mulher precisa fazer a escolha entre receber ou rejeitar a misericórdia de Deus em Cristo, certo?

Com toda certeza. O mistério da misericórdia de Deus em nenhum momento nega a natureza da responsabilidade humana. Este livro inteiro gira em torno da decisão que cada um de nós toma de seguir a Jesus. Mas antes de pensarmos que tal decisão começa com um convite gerado a partir de nossa própria iniciativa, a Bíblia nos lembra claramente que se fôssemos deixados à nossa própria sorte, estaríamos perdidos para sempre. A única razão pela qual podemos buscar a Cristo em nossa natureza de pecado é o fato de Cristo ter nos buscado como Salvador. A glória do evangelho é que o Deus do universo vence a dureza de nosso coração, superando nossa resistência egoísta e nossa rebelião pecaminosa , salvando-nos de nós mesmos. Tal misericórdia engrandece a busca de Deus por nós e crucifica nosso orgulho diante dele.

Quando Heather e eu chegamos ao Cazaquistão para adotar Caleb, fomos recebidos no aeroporto por uma jovem chamada Vitalina. Ela trabalhou como nossa intérprete pelas quatro semanas seguintes, acompanhando-nos o tempo todo durante nossa permanência na cidade. Depois de nos receber no aeroporto, ela nos conduziu a um táxi, onde viajamos juntos até o orfanato.

"O senhor trabalha com o quê?", perguntou-me Vitalina.

"Sou pastor", respondi.

Ela retrucou sem rodeios: "Pastor? Por que o senhor é pastor? O senhor não sabe que não existe Deus? Deus é para os fracos."

Eu sorri e respondi: "É verdade. Eu sou fraco e Deus é forte. Ele fez algo por mim e em mim que eu jamais poderia fazer sozinho."

A partir daí, tivemos conversas diárias com Vitalina sobre quem é Deus e como ele nos ama. Sempre que tínhamos oportunidade, Heather e eu falávamos a ela sobre como Deus nos amava a ponto de nos adotar como seus filhos através de Cristo e como aquele amor havia se tornado a motivação por trás de nosso desejo de adotar Caleb. Ao longo daquelas quatro semanas, Vitalina nos ouviu falar constantemente sobre a busca incessante de um Deus que vem a nós em nossa fraqueza e nos cativa com seu amor.

E então aconteceu. Era nossa última noite na cidade e estávamos nos preparando para embarcar no avião. Depois de recebermos nossas passagens e despacharmos nossas malas, Vitalina me puxou para um canto. "Preciso falar um coisa com você", disse ela.

"Sim", respondi, "o que é?"

"Ontem à noite percebi que Deus realmente existe, e entendi que ele enviou vocês até aqui para me buscar." Vitalina continuou: "Ele fez algo por mim e em mim que eu nunca poderia imaginar. Ontem à noite, me arrependi de meus pecados e me tornei uma seguidora de Jesus." Ela então disse com entusiasmo: "Agora sou filha de Deus!"

Meu coração pulava de alegria e um sorriso se abriu em meu rosto. Celebrei com Vitalina, encorajei-a e orei por ela. Porém, o tempo era curto e o avião estava pronto para decolar. Então peguei Caleb no colo, e enquanto Heather e eu embarcávamos, olhamos para trás, segurando uma criança em nossos braços e nos despedindo de outra criança nos braços de Deus.

Louvo a Deus por não deixar o convite para a salvação a critério de homens e mulheres pecadores que, em sua rebelião, jamais escolheriam Jesus. Louvo a Deus por ter tomado a iniciativa de nos chamar e capacitar a seguir Jesus para que, em sua graça irresistível, possamos encontrar satisfação eterna para nossas almas.

Ser cristão é ser amado, buscado e encontrado por Deus. Ser cristão é reconhecer que, em nosso pecado, estávamos separados da presença de Deus e não merecíamos nada, exceto sua ira. Contudo, apesar de nossas trevas e de nosso estado de morte, sua luz brilhou sobre nós e sua voz falou conosco, convidando-nos a segui-lo. Sua majestade nos cativou a alma, sua misericórdia cobriu nosso pecado e por sua morte ele nos trouxe vida. Temos certeza de que somos seus filhos, não por causa de qualquer boa ação que tenhamos praticado — orações feitas, passos dados ou requisitos atendidos —, mas exclusivamente por causa da graça que ele nos concedeu.

Capítulo 3
Religiosidade superficial e regeneração sobrenatural

O cristianismo é completamente diferente de qualquer outra religião no mundo. Vi isso claramente durante uma viagem recente à Índia, onde trabalhei em dias diferentes em comunidades caracteristicamente de religião hindu, muçulmana, budista e sique.

Os hindus consideram-no uma massa de água sagrada e, todo ano, milhares de pessoas viajam até a Índia para se banhar nele, ficar às suas margens e realizar ritos cerimoniais. De acordo com as tradições védicas (base da crença e da prática hinduísta), os hindus creem que o rio é fonte de purificação espiritual, portanto lavam-se nele a fim de limparem seus pecados. Acreditam também que o rio é uma passagem da morte para a vida, portanto cremam em sua base seus entes queridos mortos e nele lançam suas cinzas, garantindo salvação instantânea (alguns nem sequer queimam o corpo de seus entes queridos, simplesmente os lançam no rio). Quando saem do Ganges, homens e mulheres levam consigo pequenas quantidades de água para usá-las em rituais, quando voltarem às vilas ou às cidades onde vivem. O hinduísmo determina uma variedade de rituais para inúmeros deuses diferentes, e os hindus acreditam que o caminho para a remissão de pecados e libertação do ciclo de vida e morte está nas homenagens ao Ganges (ou, mais especificamente, à deusa Ganga, representada pelo rio).

Em outra área daquela região, pude ouvir convocações à oração vindas de caixas de som durante cinco horários distintos ao longo do dia. Os muçulmanos respondiam enchendo as mesquitas e executando uma série de orações, curvando-se no chão com as mãos nos joelhos, encostando o rosto no chão e levantando-se em seguida. De acordo com as palavras de Maomé no Alcorão, esses momentos de oração são necessários para que os muçulmanos cultuem Alá, e cada oração deve ocorrer em horário determinado, com um procedimento específico e sob condições específicas.

Em outra ocasião visitamos um centro de treinamento para budistas tibetanos. Mais de quinhentos monges moravam naquela propriedade, que contava com mosteiro, biblioteca, escola e dois grandes templos. Por toda parte havia adoradores curvando-se diante de estátuas de ouro e de pedra. As pessoas andavam em círculos, recitando mantras, e giravam em rodas de oração. Seguindo os ensinamentos de Buda, aqueles monges creem e seguem o Nobre Caminho Óctuplo, que consiste em oito itens: visão correta, intenção correta, fala correta, ação correta, viver correto, esforço correto, atenção correta e concentração correta. Se um monge estiver disposto a seguir por este caminho lento e difícil que leva à salvação, crê que irá experimentar, ao fim, o nirvana, que inclui libertação de todo desejo e de todo sofrimento.

Perguntei a um dos monges por que ele fazia aquilo tudo. Ele respondeu: "Porque quero encontrar paz e descanso."

Perguntei: "Como você encontrará paz e descanso?"

O religioso respondeu: "Não sei; ainda estou procurando."

Em nossa última noite na Índia estivemos em uma comunidade sique, onde pessoas se reuniam para honrar os ensinamentos tradicionais dos dez gurus que, juntos, estabeleceram e definiram o siquismo. Proibidos de cortar o cabelo, os homens usavam turbantes de cores diferentes e as mulheres cobriam a cabeça. Eles entravam no templo e se curvavam diante das escrituras siques, conhecidas como Guru Granth Sahib. Esse livro sagrado é o centro da adoração deles e descreve o caminho para a verdade e a vida. Depois de se curvarem diante do livro, homens e mulheres recebiam comida de graça em uma pequena tigela, pois compartilhar é uma característica tradicional da religião.

Analisando esses encontros com quatro grandes religiões do mundo, percebi que todas têm um denominador comum — em todas elas, um mestre (ou uma série deles) ensina certos caminhos a serem seguidos a fim de honrar a Deus (ou a diversos deuses) e experimentar a salvação (seja lá como ela for descrita).

No hinduísmo, mestres anciãos transmitem as tradições védicas prescrevendo ritos a serem observados pelos hindus. No islamismo, Maomé definiu cinco pilares a serem observados e praticados pelos muçulmanos. No budismo, o Caminho Óctuplo de Buda é apenas uma das quatro verdades nobres ensinadas por ele e que acompanham centenas de outras regras a serem seguidas pelos budistas. No siquismo, dez gurus definiram uma doutrina como o caminho para a verdade e a vida.

Mas é nesse ponto que o cristianismo se diferencia. Quando Jesus entrou em cena na história da humanidade e começou a convocar seguidores, ele não disse, "Sigam certas regras. Observem instruções específicas. Cumpram deveres rituais. Sigam por um caminho específico." Em vez disso, ele disse: "Sigam-*me*".

Com essa expressão simples, Jesus deixou claro que seu propósito principal não era instruir seus discípulos em uma religião prescrita, mas convidá-los a um relacionamento pessoal. Ele não disse: "Sigam este caminho e encontrarão verdade e vida." Em vez disso, falou: "*Eu* sou o caminho, a verdade e a vida" (João 14:6, grifo nosso). A convocação de Jesus foi: "Venham a *mim*. Encontrem *em mim* descanso para a alma. Achem *em mim* alegria para seu coração. Por meio de *mim* encontrem sentido para a vida."

Este chamado espantoso e absolutamente revolucionário é a essência do que significa ser discípulo de Jesus — não somos chamados a simplesmente crer em certos fatos ou observar determinadas práticas, mas fundamentalmente a nos agarrar à pessoa de Cristo como à própria vida.

Mas não entendemos isso. De várias formas e em várias circunstâncias relegamos o cristianismo a apenas mais uma opção no cardápio das religiões mundiais. Lenta e sutilmente, deixamos o cristianismo se reduzir a mais um conjunto de ordens, regras, práticas e princípios a serem observados. Os hindus se banham no rio Ganges; os cristãos são batizados na igreja. Os muçulmanos adoram às sextas-feiras; os cristãos vão ao culto no domingo. Os budistas recitam mantras; os cristãos cantam refrões. Os siques leem seu livro sagrado e compartilham com os necessitados; os cristãos leem a Bíblia e fazem doações aos pobres. Não me entenda mal — definitivamente não estou dizendo que não devemos ser batizados, cantar nos cultos, ler a Bíblia ou ajudar os pobres. O que estou dizendo é que, se não tivermos cuidado, qualquer um de nós pode fazer todas essas coisas completamente distante de Jesus.

O peso das regras

Pense nas pessoas a quem Jesus se dirigia ao dizer: "Sigam-me." Aqueles pescadores galileus estavam inseridos em um sistema religioso carregado de ordens e regras. Mestres da lei haviam distorcido os mandamentos de Deus no Antigo Testamento, tornando-os o principal meio de se obter o favor de Deus. Além disso, acrescentaram diversas outras instruções que as pessoas deveriam seguir como judeus devotos.

Por exemplo, a lei de Deus no Antigo Testamento ordenava que o povo não viajasse no sábado. Invariavelmente, mestres da lei começaram a questionar: "Bem, o que significa viajar? Pode-se andar em volta da própria casa? Pode-se caminhar à casa de outra pessoa? Se alguém andar e passar da casa de alguém, até que distância pode ir?" Em resposta a esses questionamentos, os mestres promulgaram uma nova lei, que dizia: "É permitido andar até novecentos metros a partir de sua casa no sábado. Será considerada exceção à regra se a comida necessária para o sábado estiver dentro do limite de novecentos metros. Neste caso, a comida é uma extensão da casa e, portanto, é permitido andar novecentos metros a partir do local onde estiver a comida." Basicamente, se uma pessoa colocasse a comida nos locais certos, poderia passar o sábado andando por toda a cidade.

Igualmente, a lei dizia que não era permitido levar carga no sábado. Mas os mestres se perguntaram: "O que é considerado carga? Suas roupas são uma carga?" Por sua vez, esses mestres diziam que se você estivesse vestindo as roupas não seriam consideradas cargas; mas se você estiver carregando uma peça de roupa sem vesti-la, isso é considerado uma carga. Portanto, não haveria problema em *vestir* uma jaqueta no sábado, mas seria errado *carregá-la* naquele dia. Um escritor afirmou:

> Os alfaiates não carregavam sequer uma agulha consigo no sábado, por temerem a tentação de consertar alguma roupa e com isso realizarem trabalho. Nada podia ser comprado ou vendido e as roupas não podiam ser tingidas ou lavadas... Não se podia mudar uma cadeira de lugar, pois arrastá-la poderia fazer um risco no chão. As mulheres não deviam olhar-se em espelhos, a fim de evitar a tentação de ver um cabelo branco e querer arrancá-lo.[1]

Além de tais regras referentes ao sábado, toda sorte de outras normas regia os dias na época em que os discípulos viviam. Esse pano de fundo histórico dá às palavras de Jesus um caráter mais revigorante ainda. "Venham a mim", disse Jesus, "todos os que estão cansados e sobrecarregados, e eu lhes darei descanso. Tomem sobre vocês o meu jugo e aprendam de mim, pois sou manso e humilde de coração, e vocês encontrarão descanso para as suas almas" (Mateus 11:28-29). Essas palavras de Jesus soam suavemente em um mundo onde quase todos os líderes religiosos dizem: "Tentem mais, trabalhem mais, façam mais e sejam melhores."

Claramente, o que precisamos não é de mais regras para merecer a salvação. Já vimos que nossa vida está repleta de pecado e não podemos salvar a nós mesmos. Não importa quantas vezes lavemos nosso corpo em um rio, rezemos de acordo com o procedimento estabelecido; não importa se damos muitos ou poucos passos dentro de um caminho determinado ou quantas pessoas necessitadas ajudamos. Apesar de nossas tentativas mais intensas e sinceras de fazer as orações certas, repetir as palavras corretas, cantar as músicas certas, dar as oferendas certas e ter uma vida correta, somos incapazes de cobrir o mal que está enraizado tão profundamente em nosso coração. Nossa maior necessidade não é tentar com mais afinco. Ter um coração novo é do que mais precisamos.

Equilibrando pratos para Deus

Jesus não veio para que pudéssemos ter uma vida de religiosidade superficial. Ele veio para nos dar vida nova por meio de regeneração sobrenatural. Vou explicar a diferença.

Religiosidade superficial consiste meramente em crer em certas verdades e fazer determinadas coisas. Como já percebemos ao analisar diferentes crenças, tal religiosidade superficial é crescente hoje em dia, assim como era também nos dias de Jesus. Analisemos seu diálogo com Nicodemos, líder dos judeus no primeiro século. Nicodemos era como muitos que se dizem cristãos atualmente — tinha certa fé e respeito por Jesus e organizava sua vida com base nos mandamentos das Escrituras. Ele orava e ia aos cultos. Nicodemos lia e até ensinava o Antigo Testamento. Ele vivia uma vida boa, decente e ética, e era um exemplo para outras pessoas. Como se não bastasse, fazia isso tudo como um esforço para honrar a Deus. Tudo aparentava estar bem do lado de fora, mas havia algo errado dentro dele. Apesar de toda a sua religiosidade, Nicodemos não tinha vida espiritual em si.

Você já se sentiu assim? Já sentiu como se seu cristianismo consistisse apenas em uma lista de verdades em que se deve crer, coisas a fazer e requisitos a atender para ganhar a aprovação de Deus? Em seus esforços para orar, ler a Bíblia, ofertar e servir na igreja, você às vezes sente como se nunca estivesse fazendo o suficiente? Como um equilibrista que entretém a plateia tentando manter vários pratos girando no ar ao mesmo tempo, você se sente cansado de tentar agradar a Deus com seu desempenho? Afinal, você sente como se sua fé fosse essencialmente um dever, com pouquíssimo prazer?

Essa é a maldição da religiosidade superficial — a tentativa constante de fazer algo externo sem uma transformação interna. Certo escritor descreve a versão cristã da religiosidade superficial assim:

> Você [...] procura ser fiel submetendo-se a normas e regras externas e adequando-se a padrões de comportamento que lhe são impostos por uma comunidade cristã em particular que você escolheu e na qual espera ser considerado "aceitável". Dessa maneira, você irá perpetuar o hábito pagão de praticar religião com a energia da carne e, na busca pela justiça, praticar idolatria ao honrar mais o cristianismo do que o próprio Cristo![2]
>
> Desafiando a Palavra, a mente, a vontade e o juízo divinos, homens (e mulheres) no mundo todo se preparam para dedicar a Deus o que ele condena — a energia da carne! Não há nada tão repugnante ou patético quanto a carne tentando ser santa![3]

Um novo coração

Então, como Jesus respondeu à religiosidade superficial de Nicodemos? Ele disse: "Ninguém pode ver o Reino de Deus, se não nascer de novo." Alguns versos adiante ele desenvolve mais o conceito, dizendo: "Ninguém pode entrar no Reino de Deus, se não nascer da água e do Espírito" (João 3:5). Afinal, o que isso significa?

Aqui Jesus faz referência a uma promessa que Deus fez a seu povo através do profeta Ezequiel centenas de anos antes do diálogo com Nicodemos. Deus diz a seu povo:

> Aspergirei água pura sobre vocês, e vocês ficarão puros; eu os purificarei de todas as suas impurezas e de todos os seus ídolos. Darei a vocês um coração novo e porei um espírito novo em vocês; tirarei de vocês o coração de pedra e lhes darei um coração de carne. Porei o meu Espírito em vocês e os levarei a agirem segundo os meus decretos e a obedecerem fielmente às minhas leis. Vocês habitarão na terra que dei aos seus antepassados; vocês serão o meu povo, e eu serei o seu Deus. (Ezequiel 36:25-28)

Você consegue enxergar o elo entre nascer da água e do Espírito?

Jesus está apontando para a promessa de Deus a seu povo, de dar-lhes um novo coração. Este novo coração seria, antes de qualquer coisa, limpo de pecado, ou seja, "de todas as suas impurezas". Deus falou de forma similar por intermédio do profeta Jeremias, prometendo a seu povo: "[...] Porei a minha lei no íntimo deles e a escreverei nos seus corações [...] eu lhes perdoarei a maldade e não me lembrarei mais dos seus pecados" (Jeremias 31:33-34).

Jesus veio exatamente para isso. O Novo Testamento anuncia sua vinda, dizendo que "ele salvará o seu povo dos seus pecados" (Mateus 1:21). Quando João Batista viu Jesus pela primeira vez, exclamou: "Vejam! É o Cordeiro de Deus, que tira o pecado do mundo!" (João 1:29).

A Bíblia está repleta de passagens que mostram Deus purificando seu povo do pecado. "Embora os seus pecados sejam vermelhos como escarlate," diz o Senhor, "eles se tornarão brancos como a neve" (Isaías 1:18). Davi pede a Deus: "Lava-me de toda a minha culpa e purifica-me do meu pecado" (Salmos 51:2). Esses retratos do Antigo Testamento servem de amostra do perdão que chega por meio de Cristo e é apresentado no Novo Testamento. Falando a pessoas que costumavam ser caracterizadas por suas vidas saturadas pelo pecado, Paulo diz: "[...] vocês foram lavados, foram santificados, foram justificados no nome do Senhor Jesus Cristo" (1Coríntios 6:11). João escreve: "Se confessarmos os nossos pecados, ele é fiel e justo para perdoar os nossos pecados e nos purificar de toda injustiça" (1João 1:9).

Essa purificação é um presente de Deus que não se baseia, de forma alguma, em nosso mérito, mas totalmente na misericórdia de Deus. Nas palavras de Paulo, "quando se manifestaram a bondade e o amor pelos homens da parte de Deus, nosso Salvador, não por causa de atos de justiça por nós praticados, mas devido à sua misericórdia, ele nos salvou pelo lavar regenerador e renovador do Espírito Santo" (Tito 3:4-5). A mensagem clara da Bíblia é que não há nada que possamos fazer para purificar nosso coração diante de um Deus santo. Podemos trabalhar constantemente, orar fervorosamente, doar exageradamente, amar de forma sacrificial, mas nosso coração ainda estará manchado pelo pecado.

Por isso a Bíblia ensina que só a fé e somente em Cristo há o caminho para a salvação do pecado. A fé é o *antitrabalho*. É a compreensão de que não há nada que possamos fazer senão confiar no que já foi feito em nosso favor na vida, na morte e na ressurreição de Jesus. A fé é o reconhecimento de que o prazer de Deus em você jamais será fundamentado em seu desempenho em favor dele. Na verdade, o prazer de Deus em você estará sempre fundamentado no desempenho de Cristo em seu favor.

O convite é claro para todos, do hindu à beira do rio Ganges ao leitor deste livro — vá a Cristo e ele limpará seu coração. Ouça a verdade revolucionária do evangelho: você não precisa trabalhar para se purificar de seus pecados. Quando abandonamos nosso pecado para confiar em Jesus, recebemos um coração novo e limpo, e Deus, em sua graça, nunca mais se lembrará de nossos pecados.

Sem registro

Certa vez ouvi a história de um inglês que comprou um *Rolls-Royce*. A propaganda dizia que o carro não enguiçaria jamais. Então, aquele homem o comprou a um preço altíssimo e o estava dirigindo um dia quando, para sua surpresa, o carro quebrou. Ele estava distante da cidade, então ligou para a fabricante e disse: "Olá, sabe aquele carro que nunca enguiça? Bem, acabou de enguiçar."

Um mecânico da *Rolls-Royce* foi enviado imediatamente ao local onde o carro estava parado. O veículo foi consertado e o homem seguiu seu caminho. Naturalmente, ele esperava receber uma cobrança da empresa. O custo para oferecer um serviço daquele tipo era evidentemente alto (mecânicos não costumam chegar de helicóptero para consertar seu carro!) e ele queria esquecer toda aquela confusão. Então, depois de algumas semanas, como o homem não havia recebido a cobrança, ligou para a *Rolls-Royce* e disse: "Gostaria de pagar a conta pelo conserto do meu carro, para virarmos a página e deixarmos esse episódio para trás." O atendente respondeu: "Senhor, sinto muito, mas não temos qualquer registro de que algo de errado tenha acontecido com seu carro."

Perceba esta maravilha. Para todos que vêm a Cristo e dele recebem um novo coração, o Deus do universo olha e diz: "Não tenho qualquer registro de que houve algo errado em sua vida."

Nossa maior necessidade

Estas são as boas novas do Reino que suprem a maior necessidade de nossa vida. Através de Jesus, Deus perdoa nosso pecado e se reconcilia conosco. Contudo, se não formos cuidadosos, iremos sutilmente distorcer essas boas-novas e consequentemente ignorar nossa maior necessidade.

Por todo o mundo, hoje em dia, as pessoas estão associando o evangelho de Jesus Cristo à cura física e à prosperidade material. "Venham a Jesus", dizem, "e receberão a recompensa física". Mas essa não é a essência do evangelho. Sim, Jesus é capaz de curar males físicos e, sim, Jesus tem autoridade sobre doenças dolorosas — mas essa não é a mensagem principal de Cristo. Não saímos por aí afora dizendo: "Creia em Cristo e o câncer desaparecerá." Não andamos pela rua declarando: "Creia em Jesus e o HIV/AIDS será extinto." Não vamos a lugar algum suplicando: "Creia em Cristo e saúde e riquezas virão até você."

Essas não são as boas novas de Cristo, pois elas são muito maiores do que isso. A boa notícia de Jesus não é que ele irá curá-lo de qualquer doença neste exato momento, mas que irá perdoá-lo de todo pecado para sempre. As boas-novas de Cristo não significam que se cultivarmos suficiente fé em Jesus podemos ter recompensa física e material neste mundo. As boas-novas de Cristo significam que, se tivermos fé em Jesus como uma criança, nos reconciliaremos com Deus para toda a eternidade.

Não devemos ser como o paralítico e seus amigos, conforme relatado em Mateus 9, que se aproximaram de Jesus como se fosse um operador de milagres que era meramente capaz de suprir necessidades físicas imediatas. Para surpresa daqueles homens, apesar de esperarem que o paralítico seria curado fisicamente, a primeira resposta de Jesus foi: "Tenha bom ânimo, filho; os seus pecados estão perdoados" (Mateus 9:2). Com essas palavras, ele deixou claro que a prioridade de sua vinda não era simplesmente aliviar o sofrimento, mas cortar sua raiz — o pecado. Essa é nossa maior necessidade.

Por muitos anos, minha sogra sofreu com doenças como diabetes, câncer de mama, neuropatia, doença degenerativa dos olhos, cirurgias nas mãos e dores nos pés. Enquanto passava por tudo isso, ela afirmava ser cristã. Ela tinha fé em Jesus e vivia uma vida decente, gentil, boa e generosa. Contudo ela era exatamente como Nicodemos. Apesar de conhecer a verdade sobre Jesus, ela precisava nascer de novo.

Certo dia, tudo mudou. Pela primeira vez minha sogra percebeu a profundidade de sua carência da graça de Deus em Cristo, renunciou a si mesma e ao pecado e confiou em Jesus como Senhor de sua vida. Deus, em sua misericórdia, deu a ela um coração novo, purificado do pecado e confiante em Jesus.

No entanto, mesmo tendo experimentado uma regeneração espiritual evidente, ela sofreu também o agravamento de sua degeneração física. Começou a ter insuficiência renal e foi internada várias vezes. Até que em uma noite, de repente, minha sogra sofreu uma hemorragia cerebral inesperada e morreu.

O que aconteceu, então? Jesus a abandonou em seu momento de maior necessidade? De forma alguma. Na realidade, ele a curou em seu aspecto de necessidade mais profundo, e ela sabia que podia confiar nele. Seu testemunho de vida —, e de morte — é claro — você pode confiar em Cristo quando tem diabetes, diante de um diagnóstico de câncer de mama, sofrendo neuropatia, com doença degenerativa nos olhos, quando tem insuficiência renal e até mesmo quando uma hemorragia grave toma seu cérebro, porque mesmo em meio a isso tudo você sabe que Jesus já supriu a mais profunda necessidade do seu coração. Você sabe que foi purificado de todo pecado e não tem nada a temer diante dele. E você sabe que quando seu corpo não suportar mais, quando der seu último suspiro e seu coração parar, não haverá razão para se preocupar, pois sua vida estará unida à vida do homem que venceu a morte, o único que cortou o pecado como a raiz de todo sofrimento. Naquele dia você dirá, como na Bíblia: "'Onde está, ó morte, a sua vitória? Onde está, ó morte, o seu aguilhão?' O aguilhão da morte é o pecado, e a força do pecado é a lei. Mas graças a Deus, que nos dá a vitória por meio de nosso Senhor Jesus Cristo" (1Coríntios 15:55-57).

O perdão é o maior presente de Deus, pois supre nossa maior necessidade. Mais do que curados de câncer, precisamos ser limpos do pecado. Mais do que termos um tumor retirado, precisamos ter nossos pecados perdoados. E é exatamente isso que Jesus nos dá quando troca nosso coração por um novo e sem pecado, deixando-nos sem nada a temer, agora e para sempre.

Um novo espírito

Contudo, o cristianismo não para por aí. É muito comum colocarmos um ponto final aqui e presumirmos que a essência da vida cristã é sermos perdoados de nosso pecado. Muitos que se dizem cristãos empacam nesse ponto, crendo que Jesus já os purificou do pecado, mas não experimentam transformação de vida verdadeira, autêntica, real e radical.

Mas não precisa ser assim, pois há muito mais que isso na promessa de Deus em Ezequiel. Deus disse a seu povo: "Darei a vocês um coração novo e porei um *espírito* novo em vocês [...] Porei o meu *Espírito* em vocês e os levarei a agirem segundo os meus decretos e a obedecerem fielmente às minhas leis" (Ezequiel 36:26, 27, grifo nosso).

À luz dessa promessa, Jesus disse a Nicodemos que nascer de novo significa nascer da água e do *Espírito*. O significado por trás destas palavras é surpreendente. Quando você vai a Jesus, ele não apenas perdoa seu pecado, mas também o enche com seu Espírito. Cristãos, sintam a magnitude deste fato — quando vamos a Jesus, ele coloca a fonte de sua vida no centro de nossa vida.

Este é o cerne do convite de Jesus para o seguirmos. Quando nos tornamos cristãos, morremos, e Jesus se torna nossa vida. Parafraseando Paulo, morremos com Cristo e não estamos mais vivos. Em vez disso, Cristo vive em nós e a única forma de viver é pela fé nele (ver Gálatas 2:20). Paulo escreve ainda:

> Mas se Cristo está em vocês, o corpo está morto por causa do pecado, mas o espírito está vivo por causa da justiça. E, se o Espírito daquele que ressuscitou Jesus dentre os mortos habita em vocês, aquele que ressuscitou a Cristo dentre os mortos também dará vida a seus corpos mortais, por meio do seu Espírito, que habita em vocês (Romanos 8:10-11).

Esta é a mensagem deslumbrante do cristianismo — Jesus morreu por nós para que ele pudesse viver em nós. Jesus não apenas aperfeiçoa nossa velha natureza; ele nos dá uma natureza completamente nova — aquela totalmente unida a ele.

Um ano antes de nosso casamento, quando ainda éramos noivos, Heather e eu tínhamos vidas totalmente distintas. Eu estava terminando a faculdade e tinha pouco dinheiro para viver (ou seja, não tinha fluxo de caixa). Comia macarrão instantâneo em quase todas as refeições e lutava para sobreviver. Enquanto isso, Heather já havia se formado na faculdade e dava aulas em uma escola de Ensino Fundamental. Isso significava que Heather tinha um salário (ou seja, tinha fluxo de caixa) e não precisava comer macarrão instantâneo.

Depois de uma espera de um ano até nosso casamento, finalmente nos reunimos diante de um grupo de amigos e familiares, prontos para o compromisso de dedicar nossas vidas um ao outro. No dia do casamento recebi uma série de coisas maravilhosas, porém a mais importante foi uma linda esposa temente a Deus. Mas sabe o que mais ganhei naquele dia?

Fluxo de caixa.

Foi ótimo. Antes, eu não tinha nada em minha conta bancária. Mas no momento em que disse "aceito", passei a ter tudo que estava na conta-corrente dela. E não precisei fazer nada para merecê-lo. Não tive de trabalhar em sua escola e dar aulas a crianças de cinco anos. Não precisei conseguir qualquer emprego, na verdade. Simplesmente pelo fato de agora minha vida estar unida à de Heather, tudo que pertencia a ela se tornou meu também.

Em proporções muito maiores, quando Jesus vem até nós — quando unimos nossa vida à dele — tudo que pertence a ele torna-se nosso. Sim, como já discutimos, sua justiça substitui nossa injustiça. Mas não é só isso. Quando nos aproximamos de Jesus, seu Espírito enche nosso espírito. Seu amor se torna o nosso amor. Sua alegria se torna nossa alegria. Sua mente se torna nossa mente. Seus desejos se tornam nossos desejos. Sua vontade se torna nossa vontade. Seu propósito, nosso propósito. Seu poder, nosso poder. Assim, a vida cristã se torna nada menos que Cristo continuando vivo ao habitar o cristão.

Essa realidade marca a distinção fundamental entre a religiosidade superficial e a regeneração sobrenatural. A religiosidade superficial envolve uma vida "cristã" falsificada, que consiste em nada mais que verdades em que acreditar e tarefas a realizar. Nessa religiosidade, falta simplesmente a essência do que significa seguir Jesus. Por outro lado, a regeneração sobrenatural envolve uma vida cristã autêntica, despertada pelo Espírito, pela verdade, pelo amor, pela paixão, pelo poder e pelo propósito de Jesus.

De ser discípulo a fazer discípulos

É exatamente isso o que Jesus quis dizer com as palavras proferidas logo após "Sigam-me". Você provavelmente irá lembrar que ele disse àqueles quatro pescadores — "Sigam-me, e *eu os farei* pescadores de homens" (Mateus 4:19, grifo nosso). Perceba que, em seu convite, Jesus não diz a seus discípulos para que missão estão sendo chamados. Em vez disso, Jesus falou o que ele os *levaria* a realizar. As ordens dadas *a eles* só poderiam ser cumpridas pelo trabalho que o próprio Jesus faria *neles*. A partir do momento que aqueles discípulos seguissem Jesus, ele transformaria tudo na vida deles — pensamentos, desejos, vontades, relacionamentos e, principalmente, próprio propósito de vida deles.

E é aqui que a coisa começa a ficar interessante. "Sigam-me", disse Jesus, "e eu os farei *pescadores de homens*." Usando uma imagem familiar à vocação de longa data daqueles discípulos, Jesus os convoca a uma missão totalmente extenuante desde o início. Mais importante do que procurar peixes pelo mar, eles espalhariam o evangelho por todo o mundo. Como resultado de serem discípulos de Jesus, fariam outros discípulos do Mestre. Seguir Jesus levaria cada um daqueles discípulos a pescar homens. Não surpreende o fato de o livro de Mateus terminar com Jesus na encosta de um monte, dizendo àqueles mesmos discípulos: "Portanto, vão e façam discípulos de todas as nações, batizando-os em nome do Pai, e do Filho e do Espírito Santo, ensinando-os a obedecer a tudo o que eu lhes ordenei. E eu estarei sempre com vocês, até o fim dos tempos" (Mateus 28:19-20).

Em algum momento entre os capítulos 4 e 28 de Mateus, Jesus transformou aqueles discípulos em formadores de discípulos. Fez de seguidores, pescadores de homens. E quando chegaram àquele monte, em Mateus 28, estavam ansiosos para contar a todo o mundo a respeito da vida, da morte e da ressurreição de Jesus. Tendo sido perdoados de seus pecados e na iminência de serem cheios com o Espírito de Deus, entregariam suas vidas não apenas para *serem* discípulos de Jesus, mas para sacrificialmente *fazerem* discípulos de Jesus. Pescar homens passou a ser ocupação fundamental — e de alto preço — para aqueles discípulos.

Pedro pregou o evangelho a milhares de pessoas no dia de Pentecostes e para multidões posteriormente. Como não parava de falar, como já vimos, a tradição diz que Pedro foi crucificado de cabeça para baixo. Tradições similares dizem que André foi crucificado enquanto pregava o evangelho na Grécia; Judas (não o Iscariotes) foi espancado até a morte por pregar na região atualmente conhecida como Turquia; Tomé foi perfurado com uma lança enquanto fazia discípulos na Índia; Tiago foi decapitado; Felipe, apedrejado; e Mateus, queimado em uma estaca. Todos por pregarem o evangelho. Como resultado de serem discípulos de Jesus, todos esses homens literalmente deram suas vidas para a missão de fazer discípulos de Jesus.

Claramente, a transformação massiva *nesses* discípulos resultou em multiplicação *por meio* deles. Ao terem suas mentes transformadas por Jesus, aqueles homens foram convencidos de que as pessoas precisavam ouvir o evangelho. Ao terem seus desejos transformados, eles estavam ansiosos para que as pessoas ouvissem o evangelho. Ao terem suas vontades transformadas, foram compelidos a entregar suas vidas à proclamação do evangelho. Tendo seus relacionamentos transformados, passaram a amar as pessoas de modo a querer compartilhar o evangelho com elas, ainda que isso lhes custasse tudo o que tinham. Jesus transformou o propósito de vida daqueles homens — cada discípulo comprometeu-se sacrificialmente a fazer discípulos — e a trajetória de suas vidas nunca mais foi a mesma.

Tudo isso me faz perguntar o que ainda nos falta entender. Quando olho para a igreja de hoje, parece que transformamos o oneroso mandamento de Cristo de ir, batizar e ensinar todas as nações em um chamado confortável para cristãos virem, se batizarem e se sentarem em um lugar. Se você perguntar aos cristãos de hoje o que significa na prática fazer discípulos, possivelmente vai receber, em resposta, ideias confusas, ambíguas e provavelmente até alguns olhares paralisados em silêncio. Parece que nos isentamos mutuamente de qualquer responsabilidade pessoal de pescar homens, e estou convencido de que a maioria dos cristãos professos não diria que seu propósito nesta vida é fazer discípulos de todas as nações. Na verdade, a maioria se encolheria diante desse pensamento, e alguns leitores podem até ser tentados a fechar o livro neste trecho por trazer exatamente esta ideia. Você pode pensar: *Isso não é mais para mim.*

Mas, por favor, não feche o livro. Reflita comigo. Biblicamente, todo discípulo de Jesus não deve fazer discípulos dele? Desde os primórdios do cristianismo, seguir Jesus não envolve pescar homens? E não parece que os primeiros discípulos de Jesus fizeram outros discípulos não porque tinham isso como obrigação, mas porque quiseram fazê-lo? Aqueles primeiros discípulos no monte, em Mateus 28, não precisaram ser enganados com falsas promessas; foram sobrenaturalmente compelidos a fazer discípulos. Nem mesmo a morte pôde impedi-los de obedecer à ordem.

O que então nos impede de obedecer a essa ordem hoje? E a pergunta se aplica a cada um de nós. Por que há tantos supostos cristãos sentados à margem da igreja, talvez até envolvidos na organização das atividades da igreja, mas sem entregar suas vidas de forma sincera, apaixonada, sacrificial e alegre à formação de discípulos de todas as nações? Será que é pelo fato de muitas pessoas dentro das igrejas terem se acomodado à religiosidade superficial em vez de experimentarem regeneração sobrenatural?

Transbordamento sobrenatural

Se o cristianismo for meramente uma lista de "faça isso" e "não faça aquilo", além de princípios nos quais crer e práticas a observar — muitas das quais são similares às de qualquer outra religião —, então não temos muito que compartilhar com o mundo. Por que tornar-se cristão se o islamismo ou o hinduísmo promovem fundamentalmente a mesma sensação? As pessoas não estão simplesmente seguindo regras que se encaixam em seus costumes religiosos e, no fim, não serão todas recompensadas por isso de alguma maneira?

Indo além, se ser cristão é meramente uma questão de religiosidade superficial, nenhuma persuasão será suficiente para nos convencer de que precisamos sair de nossa zona de conforto, alterar nossas prioridades, sacrificar nossas posses, arriscar nossa reputação e potencialmente até perder nossas vidas para compartilhar Cristo com os outros. Temos, então, todos os motivos para nos acomodar em uma fé privatizada que funciona bem e não nos impõe nada em relação às pessoas que estão ao nosso redor (muito menos no resto do mundo). Uma abordagem superficial do cristianismo sempre resulta em uma mentalidade de espectador na igreja.

Porém, se o cristianismo envolve regeneração sobrenatural — pela qual o Deus do universo estende sua mão de misericórdia até alcançar as profundidades de nossa alma, perdoar todo pecado *e* nos encher com seu Espírito —, então a mentalidade de espectador é inconcebível do ponto de vista espiritual. Para aqueles que tiveram coração, mente, vontade e relacionamentos radicalmente virados de cabeça para baixo pela pessoa de Cristo, os propósitos dele reinarão em supremacia.

Se você for um verdadeiro discípulo de Jesus, será sobrenaturalmente compelido a fazer discípulos dele. Seguidores verdadeiros não precisam ser convencidos, enganados com promessas falsas, persuadidos ou manipulados para fazer discípulos de todas as nações. Todos os que seguem Jesus biblicamente pescarão homens no mundo inteiro.

Isso me leva a pensar em Tom e Jordan, mencionados no primeiro capítulo. Ambos estavam envolvidos por uma religiosidade superficial até que Cristo tomou controle de seus corações e transformou suas vidas. Imediatamente após nascer de novo, Tom começou a aproveitar sua vida para levar outras pessoas a Cristo. Ele começou a promover estudos bíblicos em seu local de trabalho. Ele e sua esposa começaram a investir suas vidas em outros casais para ajudá-los a crescer em Cristo. Nos anos que se passaram desde sua salvação, ele pregou o evangelho em Birmingham, depois na América do Sul, na Europa Oriental e no Oriente Médio.

Da mesma forma, quando foi salva, Jordan dedicou sua vida a fazer discípulos no campus de sua faculdade. Depois passou alguns meses na África Ocidental, compartilhando o evangelho em uma cidade de 90 mil habitantes, 99,8% dos quais eram muçulmanos. Já formada, Jordan casou-se e se mudou com o marido para uma área de alto índice de criminalidade e baixa renda no centro da cidade, para proclamar e viver o evangelho lá.

Penso em Abid, médico que mora na ilha menos evangelizada do mundo. Ele vem de uma família muito rica e extremamente devota ao islamismo. Já havia feito sete peregrinações até Meca, mas pela graça de Deus, por meio da prática médica, Abid conheceu missionários cristãos que compartilharam o evangelho com ele. Ao ouvir sobre Cristo, ele experimentou uma paz que lhe faltara durante toda a sua vida no islamismo. Mesmo sabendo que o preço seria alto, tornou-se seguidor de Jesus. Tão logo essa notícia chegou ao conhecimento de sua família, Abid foi amarrado e espancado. Sua esposa o deixou, seus filhos o abandonaram, ele perdeu sua clínica médica e hoje vive sob ameaça constante de morte por toda a sua família.

Mas nada pode impedir Abid de fazer discípulos. Ao ser salvo, pediu a Deus que o usasse para compartilhar o evangelho com mil pessoas durante seu primeiro ano como cristão. Ao fim daquele primeiro ano, o Senhor lhe dera a oportunidade de compartilhar as boas-novas da graça de Deus em Cristo com mais de 4 mil pessoas.

Também me lembro de Sanja, na Índia, uma pobre mãe de duas meninas pequenas. Quando engravidou pela segunda vez, seu marido a abandonou para evitar o custo que os homens têm de pagar para casar suas filhas quando crescem. Envergonhada, Sanja foi forçada a voltar a morar com seus pais. Depois de ser hindu por toda a vida até então, foi surpreendida ao descobrir uma igreja que acolhia mulheres grávidas em sua comunidade. Através da interação com membros da igreja, Sanja ouviu sobre o amor infalível de Deus em Cristo. Apesar de saber que isso lhe causaria mais vergonha perante sua comunidade, ela se arrependeu de seu pecado e confiou em Jesus. Agora ela ajuda a liderar em sua igreja o trabalho de evangelismo voltado para outras grávidas pobres e compartilha o evangelho com qualquer pessoa hindu que conheça.

Se perguntássemos a Tom, Jordan, Abid ou Sanja por que eles fazem discípulos, estou certo de que nenhum deles diria que o fazem por obrigação. Em vez disso, todos diriam que fazem discípulos porque querem. Deus deu a esses irmãos e irmãs um novo coração, perdoado de seu pecado e cheio com seu Espírito. Para eles, pregar o evangelho é o transbordamento natural — ou sobrenatural — não de uma religião à qual aderiram, chamada cristianismo, mas de um relacionamento que têm com Cristo.

Você já nasceu de novo?

E você?

Está emaranhado na religiosidade superficial ou já experimentou a regeneração sobrenatural? Está se concentrando nos princípios e nas práticas cristãs ou está agarrado a Cristo? Você tem certeza de que foi perdoado de seu pecado e foi cheio com o Espírito de Deus? Finalmente, você já nasceu de novo?

O resultado de seguir Jesus é um novo coração com mente, desejos, vontades, forma de se relacionar com as pessoas e propósitos novos. "Sigam-me", disse Jesus, "e eu os farei pescadores de homens." Essa não é uma solicitação para que se trilhe um caminho de religiosidade superficial. É um convite a experimentar um prazer que só pode ser encontrado no relacionamento sobrenatural com Jesus. Ele convida você a deixar o coração ser cativado por sua grandeza e ter a vida transformada por sua graça. Afaste-se do pecado e de si mesmo e confie nele como soberano absoluto que salva e sacia a alma.

Mas não se engane — isso não significa que você estará transformando Jesus em seu Senhor e Salvador particular.

Capítulo 4
Não transforme Jesus em seu Senhor e Salvador particular

Quando seguidores de Cristo compartilham suas histórias de como se tornaram cristãos, frequentemente dizem coisas mais ou menos nesta linha: "Decidi tornar Jesus meu Senhor e Salvador pessoal." Inicialmente, claro, é maravilhoso ouvir irmãos e irmãs descreverem o momento em que seus corações foram abertos para o amor incompreensivelmente apaixonado de Deus — amor que agora os cativa em um relacionamento intimamente pessoal com Jesus. Ao mesmo tempo, quando reflito sobre essa afirmação específica — "Decidi tornar Jesus meu Senhor e Salvador pessoal" —, não consigo deixar de imaginar o quanto essa ideia representa uma tendência sutil, porém significativamente perigosa no cristianismo contemporâneo.

Em certo sentido, essa afirmação minimiza a autoridade inerente de Jesus. Certamente nenhum de nós pode *decidir* tornar Jesus nosso Senhor. Jesus *é* Senhor independentemente do que você ou eu decidamos. A Bíblia é clara ao dizer que todo joelho se dobrará, no céu, na terra e debaixo da terra, e toda língua confessará que Jesus Cristo é o Senhor (ver Filipenses 2:10, 11). A questão não é se faremos de Jesus nosso Senhor. Na realidade, a questão é se você e eu nos submeteremos à sua autoridade, e essa é a essência da conversão.

Contudo, em um nível ainda mais profundo, receio que usemos essa frase com demasiada frequência para fomentar um cristianismo customizado, que gira em torno de um Cristo particular que criamos para nós mesmos. Quase inconscientemente, todos temos a tendência de redefinir o cristianismo de acordo com nossos gostos, nossas preferências, nossas tradições eclesiásticas e nossas normas culturais. Lenta e sutilmente, distorcemos o Jesus da Bíblia, transformando-o em alguém com quem ficamos um pouco mais confortáveis. Diluímos o que ele diz a respeito do preço de segui-lo, desconsideramos o que ele fala sobre aqueles que escolhem não segui-lo, praticamente ignoramos o que ele diz sobre materialismo e, de forma funcional, não entendemos o que ele diz sobre missão. Selecionamos o que gostamos e não gostamos dos ensinamentos de Jesus. No fim, criamos um Jesus legal, inofensivo, politicamente correto e de classe média, que se parece e pensa exatamente como nós.

Mas Jesus não é customizável. Ele não se mostrou aberto à interpretação, adaptação, inovação ou alteração. Ele proferiu claramente sua Palavra e não temos o direito de personalizá-lo. Em vez disso, ele causa uma revolução em nós. Ele transforma nossa mente por meio de sua verdade. Seguindo Jesus, cremos nele, mesmo quando sua Palavra confronta (e até mesmo contradiz) as suposições que guardamos no mais íntimo de nosso ser, em nossas crenças, nas convicções de vida, na família, entre os amigos, na cultura e às vezes até em nossa igreja. Ao entendermos e aceitarmos Jesus a partir de sua Palavra, o proclamamos ao mundo, pois percebemos que ele não é meramente um Senhor e Salvador particular, digno de nossa aprovação individual. Resumidamente, Jesus é o Senhor e Salvador do universo, digno do louvor eterno de todos.

Seguir exige crer

De acordo com pesquisas, muitos "cristãos" deixaram de crer que Deus é o supremo Criador e Sustentador do universo. Tais "cristãos" creem que todos são deuses ou que talvez deus seja simplesmente o reconhecimento do potencial humano de alguém. Mais da metade dos "cristãos" não acredita que o Espírito Santo e Satanás existam, e dezenas de milhões dessas pessoas não creem que Jesus é o divino Filho de Deus. Finalmente, quase metade dos "cristãos" não acredita que a Bíblia é completamente verdadeira.[1]

Coloco *cristãos* entre aspas por uma razão que creio ser óbvia nesse ponto — tais "cristãos" não são cristãos. É impossível seguir Jesus enquanto se desconsidera, desacredita e descrê em sua Palavra. De forma simples, seguir Jesus é crer nele.

Então já observamos que a crença intelectual em Cristo não equivale à fé salvadora nele. Como vimos, até os demônios creem que Jesus morreu na cruz e ressuscitou dos mortos (ver Tiago 2:19). Tornar-se e ser um discípulo de Jesus envolve muito mais que mera crença intelectual nele. Mas certamente também não envolve menos que isso.

Desde o início, crer em Jesus tem sido essencial para segui-lo. Ao ler os Evangelhos e observar a interação de Jesus com os discípulos, é possível vê-lo ensinando-os continuamente a verdade e desafiando-lhes o raciocínio. Em cada história e cada conversa, Jesus vira a mente daqueles discípulos de cabeça para baixo com suas palavras. Apesar de nunca tê-los matriculado em uma escola formal nem os reunido em uma sala de aula, Jesus usou cada situação, cada conversa, cada milagre e cada momento para moldar suas mentes para se parecerem com a dele.

Então, quando Jesus preparou seus discípulos para sua morte e sua partida, prometeu-lhes seu Espírito (note: de acordo com Jesus, o Espírito Santo é real): "O Espírito da verdade [...] lhes ensinará todas as coisas e lhes fará lembrar tudo o que eu lhes disse" (João 14:17,26). Ser discípulo de Cristo era (e é) ser devoto das palavras dele. Ele disse: "Se vocês permanecerem firmes na minha palavra, verdadeiramente serão meus discípulos. E conhecerão a verdade, e a verdade os libertará" (João 8:31-32). "Se vocês permanecerem em mim, e as minhas palavras permanecerem em vocês, pedirão o que quiserem, e lhes será concedido" (João 15:7). Desde o início, as promessas e os privilégios de seguir a Jesus estão atrelados à crença mental nele.

Depois da morte de Jesus na terra, descrita no Novo Testamento, Paulo fala sobre como os discípulos, através do Espírito, têm a mente de Cristo (ver 1Coríntios 2:16). Ele adverte os cristãos romanos a se transformarem pela renovação de suas mentes (ver Romanos 12:2) e implora aos cristãos colossenses que se desfaçam do velho homem com suas práticas e se revistam do novo, à imagem do seu Criador (ver Colossenses 3:9-10). Ele escreve sobre a batalha espiritual: "Destruímos argumentos e toda pretensão que se levanta contra o conhecimento de Deus, e levamos cativo todo pensamento, para torná-lo obediente a Cristo" (2Coríntios 10:5). De acordo com as Escrituras, a mente, o coração e a vida do cristão giram completamente em torno das palavras de Cristo.

O poder da ressurreição

Mas não é um pouco de loucura você e eu basearmos nossa vida em pleno século XXI nas palavras de um homem do primeiro século? Afinal, alguns ensinamentos da Bíblia não são simplesmente arcaicos? Devemos realmente levar ao pé da letra tudo o que Jesus disse? Não passamos por desenvolvimentos culturais e descobrimos avanços científicos desde os dias em que Jesus viveu? Como saber se o que Jesus ensinou há dois mil anos ainda vale hoje?

Neste ponto percebemos que a autoridade das palavras de Jesus está atrelada à atualidade de sua ressurreição. Pense a respeito. Se Jesus não ressuscitou dos mortos, então não precisamos nos preocupar com absolutamente nada do que ele disse. Ele seria exatamente como qualquer outro mestre religioso neste mundo, ensinando verdades e transmitindo opiniões sobre como ter uma vida melhor. Na verdade, ele seria muito pior do que outros mestres, pois prometera ressuscitar dos mortos e não o teria feito. Se Jesus não tivesse ressuscitado, o cristianismo inteiro seria uma farsa e os cristãos seriam as pessoas mais lastimavelmente estúpidas do planeta (o próprio Novo Testamento ensina isso, em 1Coríntios 15). Se esse for o caso, estaremos livres para escolher e pegar de Jesus o que quisermos e que nos possa ser útil.

Mas se Jesus *realmente* ressuscitou dos mortos, se fez o que ninguém mais em toda a história fez ou jamais fará — conquistar a morte —, então não podemos simplesmente aceitar o que Jesus disse. Precisamos orientar tudo em nossa vida a partir das palavras de Jesus.

Então, Jesus ressuscitou dos mortos? Ele é de fato Senhor, independentemente do que você e eu decidimos?

Algumas pessoas acreditam que Jesus sequer morreu na cruz, muito menos que ressuscitou três dias depois. Muitos muçulmanos, por exemplo, sugerem simplesmente que um homem que parecia com Jesus foi crucificado naquele dia. Pouco importa para eles que essa teoria tenha sido levantada pelo profeta Maomé seis séculos depois da crucificação.

Outros creem que apesar de Jesus ter sido pendurado na cruz, ele na realidade não morreu, e sim foi ferido muito gravemente. Ele desmaiou e ficou inconsciente, e aí as pessoas simplesmente pensaram que ele estava morto.

Essa explicação presume que Jesus passou por seis julgamentos, privação de sono, um espancamento brutal, teve espinhos enfiados em sua cabeça, pregos cravados em suas mãos e em seus pés e uma lança traspassada na lateral de seu corpo depois de várias horas na cruz. Ele então desmaiou, foi envolto em lençóis para sepultamento e colocado em um túmulo com uma pedra fechando a entrada que era também guardada por soldados romanos. Posteriormente, Jesus recuperou a consciência, empurrou a pedra na escuridão da tumba, passou pelos guardas que estavam ali vigiando a entrada do túmulo e tranquilamente seguiu seu caminho. Provavelmente esta não é a explicação mais plausível.

Outros sustentam que o túmulo não estava vazio. Algumas pessoas creem no que foi descrito como a "teoria do túmulo vazio", segundo a qual as mulheres, quando foram ao túmulo naquela primeira manhã de Páscoa, em luto e em choque pela morte de Jesus, erraram de tumba e, por engano, acharam que Jesus tivesse ressuscitado. Então, desde aquele dia, todas as outras pessoas também foram ao túmulo errado. Se ao menos alguém tivesse verificado o túmulo ao lado... O problema óbvio desta teoria é que a última coisa que as autoridades romanas (bem como os judeus) queriam era um grupo de pessoas afirmando que seu líder havia ressuscitado dos mortos. Este foi o principal motivo pelo qual colocaram guardas na entrada do túmulo. Certamente sabiam qual túmulo guardar, e mesmo que não soubessem, poderiam ter calado todo o cristianismo simplesmente apontando para o corpo de Jesus no túmulo correto.

Outras pessoas ainda creem que os discípulos são culpados por inventar a história da ressurreição. Alguns afirmam que eles roubaram o corpo de Jesus, o que demandaria que um pequeno grupo de galileus tímidos (que, na noite anterior, temeram admitir que até mesmo conhecessem Jesus) vencesse uma barreira de soldados romanos altamente treinados. Outros alegam que os discípulos estavam loucos — na melhor das hipóteses, alucinados — quando afirmaram ter visto Jesus vivo depois de sua morte. Mas até mesmo a simples ideia da ressurreição era basicamente inconcebível para a lógica greco-romana e judaica do primeiro século.

Não obstante, centenas de pessoas afirmaram ter visto Jesus, e algumas até comeram, beberam e conversaram com ele. Alucinações não costumam comer nem beber. Além disso, não era de grande interesse para os discípulos proclamar a ressurreição de Jesus no primeiro século, sabendo que poderiam (e iriam) morrer por isso. Nas palavras de Pascal: "Apenas acredito nas histórias cujas testemunhas estivessem dispostas a deixar-se degolar."[2]

Por que, então, insisto nesse ponto? Porque se Jesus realmente ressuscitou dos mortos, então definitivamente temos de ouvir tudo o que ele disse. A realidade de sua ressurreição valida tanto a veracidade quanto a atemporalidade de seus ensinamentos. Jesus não é apenas mais um mestre religioso cujas ideias e opiniões podemos aceitar ou descartar de acordo com nossas preferências. Independentemente do que possamos dizer (ou decidir), *Jesus é o Senhor*. Consequentemente, não importa o que falamos (ou declaramos), não temos escolha senão confiar em sua Palavra.

Jesus e o inferno

À luz disso, consideremos um dos assuntos mais biblicamente claros, apesar de culturalmente controverso, sobre o qual Jesus falou — o inferno. Ao ensinar a seus discípulos, Jesus explicou que Deus lhe deu autoridade para julgar todas as pessoas, em qualquer lugar e por toda a eternidade. Veja o que ele diz no Evangelho de João:

> [...] o Pai a ninguém julga, mas confiou todo julgamento ao Filho, para que todos honrem o Filho como honram o Pai. Aquele que não honra o Filho, também não honra o Pai que o enviou.
>
> Eu lhes asseguro: Quem ouve a minha palavra e crê naquele que me enviou, tem a vida eterna e não será condenado, mas já passou da morte para a vida. [...] Pois, da mesma forma como o Pai tem vida em si mesmo, ele concedeu ao Filho ter vida em si mesmo. E deu-lhe autoridade para julgar, porque é o Filho do homem.

> Não fiquem admirados com isto, pois está chegando a hora em que todos os que estiverem nos túmulos ouvirão a sua voz e sairão; os que fizeram o bem ressuscitarão para a vida, e os que fizeram o mal ressuscitarão para serem condenados. (João 5:22-24, 26-29)

Mais adiante, no livro do Apocalipse, a Bíblia descreve a cena do julgamento ao qual Jesus se referiu:

> [...] vi um grande trono branco e aquele que nele estava assentado. A terra e o céu fugiram da sua presença, e não se encontrou lugar para eles. Vi também os mortos, grandes e pequenos, de pé diante do trono, e livros foram abertos. Outro livro foi aberto, o livro da vida. Os mortos foram julgados de acordo com o que tinham feito, segundo o que estava registrado nos livros. O mar entregou os mortos que nele havia, e a morte e o Hades entregaram os mortos que neles havia; e cada um foi julgado de acordo com o que tinha feito. Então a morte e o Hades foram lançados no lago de fogo. O lago de fogo é a segunda morte. Se o nome de alguém não foi encontrado no livro da vida, este foi lançado no lago de fogo. (Apocalipse 20:11-15)

A realidade simples, porém solene, da Palavra de Deus é totalmente inegável: todo aquele que confessar a Jesus como Senhor será salvo para sempre, e quem o rejeitar será condenado também para sempre. Nas palavras do professor escocês James Denney: "Se há algo verdadeiro nas Escrituras é isto: aqueles que teimosamente se recusarem a se submeter ao evangelho e amar e obedecer a Jesus sofrerão perda irreparável e infinita na Segunda Vinda de Cristo. Passarão por uma noite em que o amanhecer jamais chegará."[3]

Esse tem sido o ensinamento constante da Igreja ao longo da história, apesar de várias vozes sob a bandeira do cristianismo contemporâneo agora afirmarem que o inferno não existe — ou pelo menos não é eterno. Tais afirmações vêm embutidas em perguntas provocativas: Será que Deus realmente disse que enviaria os pecadores para o inferno? Será que Deus realmente disse que temos de crer em Jesus para ir para o céu? Será que Deus realmente disse...

Perceba como perguntas desse tipo são fundamentadas na tentativa de distorcer a Palavra de Deus. Sempre precisamos ser cuidadosos quando alguém começa um comentário com as palavras: "Será que Deus realmente disse..." Afinal, essas foram exatamente as palavras que resultaram na queda do homem, narrada em Gênesis 3. A serpente enganadora tentou Adão e Eva a questionarem o amor de Deus e a duvidarem de sua palavra: "Foi isso mesmo que Deus disse: 'Não comam de nenhum fruto das árvores do jardim?'" (Gênesis 3:1). Com essa pergunta, Satanás convenceu àquele casal de que o amor de Deus estava sujeito à opinião deles e que a sua Palavra estava sujeita ao julgamento deles. Ele elevou os pensamentos dos homens acima da verdade de Deus e o pecado entrou no mundo.

Vamos aprender nossa lição aqui. É perigoso distorcer a vida de Jesus e sua Palavra para refletir o que nos é mais confortável. Como discípulos de Jesus precisamos considerá-lo, assim como sua Palavra, dentro de um contexto de confiança total nele.

Então o que acontece quando confiamos completamente e ouvimos cuidadosamente as palavras de Jesus sobre o inferno? Veja sua descrição desse lugar de agonia ardente:

> Se a sua mão o fizer tropeçar, corte-a. É melhor entrar na vida mutilado do que, tendo as duas mãos, ir para o inferno, onde o fogo nunca se apaga, onde o seu verme não morre, e o fogo não se apaga. E se o seu pé o fizer tropeçar, corte-o. É melhor entrar na vida aleijado do que, tendo os dois pés, ser lançado no inferno, onde o seu verme não morre, e o fogo não se apaga. E se o seu olho o fizer tropeçar, arranque-o. É melhor entrar no Reino de Deus com um só olho do que, tendo os dois olhos, ser lançado no inferno, onde o seu verme não morre, e o fogo não se apaga. (Marcos 9:43-48)

Como já vimos em Apocalipse 20:15, a Palavra de Deus nos diz: "Se o nome de alguém não foi encontrado no livro da vida, este foi lançado no lago de fogo." Da mesma maneira, Apocalipse 21:8 descreve o inferno como o "lago de fogo que arde com enxofre".

Você pode pensar: *Bem, o fogo não é apenas uma figura de linguagem nestas passagens? Estes versos não são simbólicos?*

Pode ser.

Mas ainda que sejam simbólicos, o que simbolizam? Um retiro de inverno ou férias de verão? Não, esses versos apontam para algo muito pior. Com certeza fogo ardente e enxofre fumegante não simbolizam um lugar agradável para se estar. São imagens que representam um lugar aterrorizante.

O inferno, de acordo com Jesus, é um lugar de tormento e total escuridão (ver Lucas 16:22-23; Mateus 22:13). Mais adiante, o inferno é descrito como um lugar de destruição eterna, onde as pessoas são separadas da presença do Senhor e da majestade de seu poder (ver 2Tessalonicenses 1:9).

Mais aterrador que qualquer coisa é o fato de o inferno ser um lugar de duração eterna. Jesus contrastou a punição eterna com a vida eterna (ver Mateus 25:46). João escreveu sobre pecadores em Apocalipse 14:11 dizendo: "A fumaça do tormento de tais pessoas sobe para todo o sempre."

Nas palavras de Thomas Watson: "O ímpio no inferno estará sempre morrendo, mas jamais morrerá. A fumaça da fornalha sobe para todo o sempre. Ah, quem pode suportar estar sempre sob tortura? A palavra 'sempre' parte o coração." Quando ouviam Jonathan Edwards pregar, no século XVIII, as pessoas eram "exortadas a considerar o tormento de queimar como carvão em brasa, não por um instante ou um dia, mas por 'milhões e milhões de eras', ao final das quais se percebe que o tormento não está mais próximo do fim do que estava antes e que 'jamais serão libertados'".[4]

Mas não acreditamos mais nos horrores do inferno. Hoje, dizemos coisas como "foi um inferno em minha vida", "está um calor do inferno" ou "este barulho é infernal". A maneira como falamos sobre o inferno hoje demonstra que não temos a menor ideia do que estamos falando.

Porém, não podemos ignorar o fato e não devemos ser indiferentes a ele. De acordo com Jesus, o que aguarda os pecadores perdidos diante de um Deus santo é ira agonizante eterna. Jesus disse isso. Claramente.

Jesus e o céu

Felizmente, Jesus falou com a mesma clareza a respeito do céu. Ele proclamou: "Eu sou a ressurreição e a vida. Aquele que crê em mim, ainda que morra, viverá; e quem vive e crê em mim, não morrerá eternamente" (João 11:25-26). De fato, Jesus disse que todos os que cressem nele não pereceriam (ver João 3:16). Encontramos conforto em passagens bíblicas em que Jesus promete a seus discípulos estar preparando um lugar para eles (ver João 14:1-6) onde um dia todos os que creram nele habitarão com Deus em "novos céus e nova terra", nos quais o Senhor "enxugará dos seus olhos toda lágrima. Não haverá mais morte, nem tristeza, nem choro, nem dor, pois a antiga ordem já passou" (Apocalipse 21:1,4). Repetidamente, Jesus promete alegria duradoura e vida eterna a todos os que renunciarem a si mesmos e a seu pecado para confiar em Deus.

As palavras de Jesus sobre a eternidade encorajam todos os que confiam nele. Houve uma época em que Casey, membro de nossa igreja, de trinta e poucos anos, era um protótipo de saúde, força e forma física. Mas um dia sentiu dores no estômago e, depois de uma série de exames, recebeu o diagnóstico de câncer. Depois de algumas semanas, Casey foi internado para fazer uma cirurgia e, quando acordou, os médicos deram a ele, a sua esposa e a sua linda filhinha uma notícia que jamais poderiam ter imaginado. "Quando abrimos seu estômago, vimos que o câncer tinha se espalhado por todo o seu corpo. Infelizmente não há nada que possamos fazer para detê-lo." E continuaram: "Provavelmente você só tem mais algumas semanas de vida."

Como a morte de Casey se aproximava, fui visitá-lo no hospital e no caminho pensei: *O que direi a ele? Digo que sinto muito por isso lhe ter acontecido? Que eu gostaria que não fosse assim?* Mas eu não precisava ter me preocupado, pois os que o visitaram naquele dia foram surpreendidos. Sempre que alguém entrava em seu quarto no hospital, ele o cumprimentava apontando para o céu e dizendo com o mais sincero sorriso: "Estarei com Jesus hoje."

De repente, qualquer coisa que eu pudesse ter dito — "Sinto muito por isto ter acontecido a você" ou "Gostaria que não fosse assim" — simplesmente não parecia mais apropriada. Para falar a verdade, saí do hospital naquele dia com um pouco de inveja até! Pois aquele quarto do hospital, pelo poder das palavras de Jesus, se tornou um lugar de adoração, e, como discípulo de Cristo, aquele irmão tinha certeza em sua mente e fé em seu coração sobre a seguinte afirmação: "O viver é Cristo e o morrer é lucro" (Filipenses 1:21).

A crença tanto no céu como no inferno muda radicalmente a maneira como vivemos na terra. Somos encorajados pela esperança do céu e compelidos pelo horror do inferno. Sabemos que este mundo não é o único que existe. Sabemos que cada pessoa do planeta está aqui por um breve momento e a eternidade aguarda a todos nós mais adiante — eternidade que pode ser cheia de um deleite crescente ou de uma maldição sem fim.

Assim, as palavras de Jesus fazem sentido: "Sigam-me e eu os farei pescadores de homens." Se sabemos e cremos que Jesus veio para nos salvar do inferno e nos levar ao céu, não temos opção senão passar a vida na terra tornando essa salvação conhecida. Se as pessoas sentadas ao nosso lado na lanchonete, ou estudando na biblioteca, ou trabalhando conosco no escritório, ou que moram na casa ao lado correm o risco de estar no caminho que leva ao sofrimento eterno, então *precisamos* falar-lhes sobre o Cristo que leva à satisfação eterna. Nenhuma atitude diferente disso faz sentido de acordo com o que cremos. Como pode um cristão permanecer em silêncio e sentar-se inerte enquanto família, amigos, vizinhos, colegas de trabalho e conhecidos caem de um penhasco eterno em direção a trevas sem fim?

Portanto, você crê no que Jesus disse? Confia em suas palavras sobre o inferno tanto quanto acredita no que ele disse sobre o céu? Sua mente — e sua vida — foi totalmente transformada pela verdade de Cristo?

Crer exige proclamação

Seguir Jesus requer que se creia nele, e crer em Jesus leva à proclamação do evangelho. Consequentemente, a fé privatizada no Cristo ressurreto é praticamente inconcebível. Contudo, o cristianismo privatizado é uma maldição que permeia nossa cultura e a igreja contemporânea.

Multidões de cristãos professos dizem (ou pelo menos pensam): "Jesus me salvou. Os ensinamentos de Jesus funcionam para mim. Mas quem sou eu para dizer aos outros em que devem crer? Quem sou eu para dizer aos outros que sua crença está errada e que minha fé é a certa? Além disso, quem sou eu para dizer a uma pessoa que se ela não crer no que eu creio irá passar a eternidade no inferno?"

Entendo perfeitamente esse sentimento. Lembro-me de uma vez em que estava no meio de um mar de gente no norte da Índia. Se você nunca foi à Índia, pense em muitas pessoas juntas. Muitas, muitas, muitas pessoas juntas. Aproximadamente 1,2 bilhão de pessoas, para ser mais exato, sendo que mais de 600 milhões delas vivem ao norte. As ruas cheias e as favelas urbanas são rodeadas de vilas aparentemente sem fim, que se estendem até a zona rural. A disparidade econômica é gritante, já que mais gente vive abaixo da linha da pobreza na Índia do que a população inteira dos Estados Unidos.

Mas a pobreza não é meramente física; é espiritual também. Os representantes das igrejas com as quais trabalhamos no país estimam que aproximadamente 0,5% da população no norte é composta por cristãos. Em outras palavras, 99,5% da população do norte da Índia não creem em Cristo como salvador.

Sabendo disso, certo dia olhei ao meu redor naquele mar de gente e pensei comigo mesmo: *Quem sou eu para viajar de tão longe para dizer a essas pessoas em que precisam crer? Quem sou eu para dizer a elas que todos os seus deuses são falsos, sejam elas hindus, muçulmanas, budistas, siques ou devotas de quaisquer outros deuses, porque Jesus é o único Deus verdadeiro? E quem sou eu para dizer às 597 milhões de pessoas que não são cristãs ao meu redor neste momento que se não se arrependerem de seus pecados e não confiarem em Jesus passarão toda a eternidade no inferno?*

Parecia extremamente arrogante, nada amável e desconfortavelmente impetuoso afirmar que os 597 milhões de hindus, muçulmanos, budistas e siques à minha volta naquele momento iriam para o inferno se não acreditassem em Jesus. E definitivamente essa afirmação seria arrogante, nada amável e ousada — a menos que fosse verdadeira.

Se Jesus fosse apenas mais um mestre religioso no cenário da história da humanidade, oferecendo seus pensamentos e suas opiniões a respeito de como se deve viver, seria definitivamente arrogante, rude e completamente tolo que eu (ou qualquer outra pessoa) viajasse pelo mundo dizendo aos outros que precisam segui-lo ou enfrentarão o inferno. Mas Jesus é realmente mais do que apenas um mestre religioso — ele é de fato o Deus Salvador e Rei ressurreto, que pagou sozinho o preço dos pecadores e pavimentou o caminho para a salvação eterna. Portanto, falar sobre ele às pessoas em qualquer lugar é a *única* coisa que faz sentido. É o cúmulo da arrogância ficar em silêncio enquanto 597 milhões de hindus, muçulmanos, budistas e siques vão para o inferno.

É a epítome do ódio não sacrificar a própria vida para espalhar as boas novas entre cada pessoa que conhecemos e entre todos os grupos de pessoas sobre o planeta.

Compelido pelo Salvador do universo

Quando, de fato, crê nas palavras de Jesus e reconhece seu valor, você entende que seu objetivo não é ser simplesmente nosso Senhor e Salvador particular, e que sua morte na cruz não girou exclusivamente em torno de você.

Às vezes os cristãos dizem: "Jesus morreu na cruz por mim." Sem dúvida isso é verdade, pois Jesus morreu particularmente por mim e por você (ver Gálatas 2:20). Mas não podemos parar por aqui. De acordo com as palavras do próprio Jesus, ele morreu para que em seu nome seja "pregado o arrependimento para perdão de pecados a todas as nações" (Lucas 24:47). Muito mais que simplesmente morrer por você e por mim, Jesus morreu para comprar "para Deus gente de toda tribo, língua, povo e nação" (Apocalipse 5:9). Os discípulos de Jesus sabem que ele não é meramente um Senhor e Salvador particular, digno de aprovação individual de alguém. Eles sabem que ele é o Senhor e Salvador do universo, digno do louvor eterno de todos.

Portanto, os discípulos de Jesus não podem deixar de fazer discípulos de todas as nações. Se verdadeiramente acreditamos nas suas palavras e reconhecemos seu valor, somos *compelidos* a fazer parte dessa tarefa. Juntos, passamos nossas vidas dizendo a centenas de milhões de pessoas na América e na Europa que abandonem seu pecado e confiem nele, pois ele é digno de adoração. Fazemos discípulos na África, onde há mais de três mil tribos animistas adorando diversos tipos de espíritos suspeitos e falsos deuses, os quais não merecem glória. Fazemos discípulos no Japão, no Laos e no Vietnã, onde há 350 milhões de budistas seguindo as práticas estabelecidas por Buda, que não merece o louvor dessas pessoas.

Fazemos discípulos na Índia, no Nepal e em Bangladesh, onde há mais de 950 milhões de hindus adorando milhões de deuses sem valor algum. Fazemos discípulos na China, na Coreia do Norte e em Cuba, onde mais de um bilhão de pessoas cresceram em ambientes comunistas que negam a existência de Deus, aquele que reina sobre todos. Fazemos discípulos na Ásia Central e no Oriente Médio, onde mais de 1,5 bilhão de muçulmanos seguem um falso deus. Fazemos discípulos entre todos esses povos e nos lugares mais difíceis, pois está claro em nossa mente, em nosso coração e em nossa vida que Jesus morreu na cruz, ressuscitou dos mortos e só ele merece ser exaltado como Senhor.

Tudo de que precisamos

Quando cremos nas palavras de Jesus, somos encorajados a viver para adorá-lo. Ele nos disse: "Se vocês permanecerem em mim, e as minhas palavras permanecerem em vocês, pedirão o que quiserem, e lhes será concedido" (João 15:7). Essa deve ser uma das promessas mais surpreendentes de toda a Bíblia. Jesus simplesmente disse: "Pedirão o que quiserem, e lhes será concedido."

A chave para entender essa promessa, porém, é compreender o contexto na qual foi feita. Jesus tinha acabado de falar a seus discípulos que morreria na cruz, ressuscitaria dos mortos e em seguida ascenderia ao céu. De lá, ele enviaria seu Espírito para lhes dar poder para fazerem discípulos no mundo todo. Jesus então prometeu que, se fossem e confiassem em sua palavra, ele lhes daria tudo de que precisassem para realizar a missão.

Portanto, essa não é uma promessa com base na qual você e eu oramos pedindo uma nova casa, um emprego melhor ou mais conforto. Não. Apoiados nessa promessa, nós oramos: "Senhor, dá-me tudo de que preciso para espalhar tua verdade a partir de onde vivo até os confins da terra." Essa é uma oração a qual Deus certamente responderá.

Poucos anos atrás, Heather e eu viajamos para uma região da Ásia Oriental onde pouquíssimas pessoas já tinham ouvido sobre Jesus. Enquanto estávamos lá, Heather compartilhou constantemente o evangelho com uma jovem chamada Meilin. Por um lado, Meilin parecia extremamente receptiva ao evangelho, contudo algo em seu espírito ainda resistia a Cristo como Senhor. Em meio a suas muitas perguntas, orávamos persistentemente e suplicávamos a Deus para nos dar palavras, sabedoria e graça necessárias para compartilhar o evangelho de forma clara com ela.

Depois de passarmos algumas semanas com Meilin, chegou a hora de deixarmos sua cidade. Tínhamos feito as malas e nos despedido do grupo de pessoas que espalharia o evangelho por lá depois de nossa partida. Eles estavam orando e estudando a Bíblia na casa onde ficamos hospedados durante aquele tempo, e pudemos ouvi-los conversando enquanto aguardávamos nossa carona do lado de fora.

Naquele momento, aparentemente do nada, Meilin veio correndo até Heather. Ela a puxou para um canto e, com entusiasmo, compartilhou como estava abandonando seus pecados e confiando em Cristo. No exato momento em que Meilin compartilhava isso e Heather comemorava com ela, o grupo dentro da casa, sem saber o que se passava do lado de fora, lia Salmos 46:10 em voz alta. Vi lágrimas correndo pelo rosto de Heather enquanto orava com Meilin e ouvi o grupo do lado de dentro da casa dizendo as palavras: "Parem de lutar! Saibam que eu sou Deus! Serei exaltado entre as nações, serei exaltado na terra." Imediatamente lembrei-me de que o Salvador que reina ao lado direito do Pai está pronto a dar a seus discípulos tudo de que precisam para exaltar seu nome sobre toda a terra.

A grande história

Você, que é discípulo de Jesus, percebe a dimensão da história da qual nós fazemos parte? Vivemos em um mundo decadente, cheio de pecado, sofrimento e morte. Por séculos, toda a Criação esperou por um Rei que vencesse todos esses males. Esse Rei veio na pessoa de Jesus Cristo. Durante o tempo em que viveu na terra, ele curou enfermos, libertou endemoninhados, deu vista a cegos, ordenou que paralíticos andassem e fez viver de novo quem havia morrido. Depois fez o que ninguém mais fez ou fará novamente em toda a história. Após ter estado morto por três dias, voltou à vida. Ele ressuscitou dos mortos com vitória sobre o pecado, o diabo e a própria morte e, nas palavras das Escrituras, "a ele foram dados autoridade, glória e reino; todos os povos, nações e homens de todas as línguas o adoraram. Seu domínio é um domínio eterno que não acabará, e seu reino jamais será destruído" (Daniel 7:14).

Jesus decididamente não está morto; ele vive — e continua agindo. Ele apareceu para seus discípulos, comeu com eles, bebeu com eles e depois os enviou dizendo: "Foi-me dada toda a autoridade no céu e na terra. Portanto, vão e façam discípulos de todas as nações." (Mateus 28:18-19). Em outras palavras: "Alicerçados na realidade da minha ressurreição e confiando na verdade de tudo que ensinei, vão e contem a todo mundo."

Depois de dizer isso, Jesus subiu aos céus diante dos olhos daqueles mesmos discípulos, e lá está hoje, sentado à direita do Pai, "nas regiões celestiais, muito acima de todo governo e autoridade, poder e domínio, e de todo nome que se possa mencionar, não apenas nesta era, mas também na que há de vir" (Efésios 1:20-21).

Ele não está lá sentado simplesmente para assistir ao que acontece na terra. Através de seu Espírito que ele mesmo enviou, Jesus lidera seu povo na proclamação de sua verdade nos quatro cantos da terra. E é aqui que nós entramos. Como seguidores de Cristo, cada um de nós se vê na linha de frente da batalha espiritual que está sendo travada pelas almas de homens e mulheres bem perto de nós e ao redor do mundo todo. O Todo-poderoso Filho de Deus, nosso Salvador, está sobre nós, sentado no trono do comando celestial com toda a autoridade no céu e na terra. Ele intercede por nós dia e noite e está comprometido em nos dar tudo de que precisamos para que falemos a todas as pessoas do planeta que ainda são prisioneiras do pecado, de Satanás e da morte: "Temos boas notícias. Abandone o pecado e a morte, confie no Rei que a venceu e que dá vida e, assim, viva com ele para sempre."

Assim, saímos como discípulos de Jesus que amam sua Palavra e confiam em sua verdade. Saímos não como homens e mulheres que em algum momento decidiram tornar Jesus seu Senhor e Salvador particular, mas como homens e mulheres que, em todos os momentos, são comprometidos com a proclamação de Jesus como Senhor e Salvador universal. Como discípulos, cremos nele; portanto, obedecemos a seu mandamento e fazemos discípulos.

O desejo de nossa alma

Você crê em Jesus? Sua mente já foi transformada pela realidade dos ensinamentos dele? Ele disse: "Eu sou o caminho, a verdade e a vida. Ninguém vem ao Pai, a não ser por mim" (João 14:6). Jesus disse também: "Deus tanto amou o mundo que deu o seu Filho Unigênito, para que todo o que nele crer não pereça, mas tenha a vida eterna", e mais adiante: "Quem não crê já está condenado, por não crer no nome do Filho Unigênito de Deus" (João 3:16,18). Falando de forma direta, se você e eu não cremos em Jesus quando ele diz essas coisas, então não somos discípulos dele. Contudo, se cremos no que ele diz, então não podemos deixar de fazer discípulos.

Nós fazemos discípulos não porque temos um sentimento superficial de dever — mas sim porque esse se tornou o desejo supremo de nossas almas.

Capítulo 5
Filhos de Deus

Quando voltamos do Cazaquistão com Caleb, descobrimos rapidamente que as pessoas falam coisas muito estranhas quando veem você com uma criança que é claramente de outra etnia.

Elas comentam: "Ele é tão lindo. Vocês também têm um filho de vocês?"

Anote essa frase e coloque-a no topo da lista das perguntas que jamais se deve fazer a pais que adotaram uma criança. Toda vez que alguém nos pergunta isto, temos uma vontade irresistível de dizer: "Chegue bem perto que vou lhe contar um segredo: *ele é nosso*."

As pessoas também olham para Caleb, percebem que é adotado e perguntam: "Você conheceu a mãe verdadeira dele?"

Minha resposta nesse caso é curta e clara: "Bem, conheci e, na verdade, sou casado com ela. Seu nome é Heather."

Ao que as pessoas respondem: "Bem, você sabe o que quero dizer." Eu então respondo: "Sim, e você sabe o que *eu* quero dizer. Minha querida esposa não é a mãe falsa dele; é a mãe autêntica e real."

Outros presumem que Caleb não saiba muito sobre seu histórico familiar ou cultural, então nos perguntam se faremos questão de ensiná-lo sobre sua herança familiar ou cultural. Nós respondemos: "Com certeza. E, na verdade, já começamos. Você pode até se surpreender, mas Caleb sabe bastante sobre seu histórico familiar. Ele sabe tudo sobre seu avô, o qual não teve oportunidade de conhecer porque meu pai morreu antes de Caleb ser adotado. Mas ele já viu muitas fotos, ouviu muitas histórias e um de seus vídeos favoritos é o 'vídeo do vovô'. Além disso, ele sabe tudo sobre seu outro avô, suas duas avós, seus primos, tios, tias, tias-avós e tios-avós. Ele tem tanta herança familiar que não consegue nem dar conta."

Caleb também aprendeu sobre sua herança cultural. Ele já leu clássicos da literatura norte-americana, como [Goodnight Moon] e *Mr. Brown Can Moo! Can You?* [Sr. Brown consegue fazer "mu"! E você?]. Ele corre pela casa falando: "Corra, corra, o mais rápido que puder, você não consegue me pegar, sou o...". (Se você consegue completar a frase, pode ser que tenha a mesma herança cultural que Caleb!) Ele se alimenta de comidas típicas de sua cultura — churrasco, macarrão com queijo, melancia e bolo de aniversário. Ele até conhece a música de sua cultura. Ele pode não reconhecer o hino nacional do Cazaquistão, mas adora "Sweet Home Alabama".

Está vendo? Caleb é nosso filho. Ele não é um alienígena ou estranho em nossa família. Ele não é meio Platt, parcialmente Platt ou quase Platt. Ele é completamente Platt, com tudo que envolve ser um Platt (para o bem ou para o mal).

Essas perguntas e esses comentários de pessoas bem-intencionadas não são apenas um potencial aborrecimento para pais que adotaram filhos. São sintomas de algo muito mais profundo, pois refletem quão pouco entendemos sobre o que significa ser adotado por uma família. E se não compreendemos o conceito de adoção em sua essência, como podemos perceber as implicações do que significa se tornar um filho na família de Deus?

Claramente, quando Caleb se tornou nosso filho, não foi o fim de uma história. Em vez disso, foi o começo de uma aventura na qual viverá como nosso filho. Hoje, ele sabe que sou seu pai e que ele é meu filho — não apenas por causa do amor que demonstrei viajando até o Cazaquistão anos atrás para adotá-lo, mas por causa do amor que demonstro hoje. Sem dúvida, sua situação em nossa família está baseada na decisão tomada por um juiz anos atrás, mas sua vida está baseada em nosso relacionamento diário enquanto brincamos de carrinho, jogamos bola, corremos pelo quintal e cantamos juntos.

Essa figura da alegria na adoção terrena oferece um pequeno vislumbre de uma alegria muito maior encontrada na adoção divina. É inquestionável que nossa condição diante de Deus tenha sido estabelecida no momento em que renunciamos ao pecado e a nós mesmos e confiamos em Jesus como Senhor e Salvador. Mas nossa vida está baseada no relacionamento de amor que desfrutamos e experimentamos diariamente enquanto Deus, nosso Pai, enche seus filhos de amor. Essa é mais uma razão para nos recusarmos a nos acomodar a um cristianismo superficial e distante, em que dizemos: "Fiz uma oração muitos anos atrás." Ser cristão é muito mais que isso. Ao seguirmos Jesus como filhos e filhas de Deus, passamos a desejá-lo e a nos deleitar nele, que transforma completamente tudo em nós.

Servo ou filho?

Por todo o Antigo Testamento Deus é chamado por vários nomes magníficos e recebe inúmeros títulos majestosos, mas raramente é descrito como "Pai" — somente 15 vezes, para ser exato. Porém, quando chegamos aos Evangelhos, os quatro primeiros livros do Novo Testamento, o vemos descrito 165 vezes como "Pai". Com apenas uma exceção, todas as referências a ele como Pai ocorrem em situações nas quais Jesus está ensinando especificamente a seus discípulos.

Por exemplo, no Sermão do Monte, quando Jesus ensina seus discípulos a orar, ele diz: "Vocês, orem assim: 'Pai nosso, que estás nos céus [...]'" (Mateus 6:9). Esse é o primeiro trecho em toda a Bíblia em que alguém é encorajado a orar a Deus como "Pai". O significado é surpreendente — seguidores de Jesus têm o privilégio distinto de conhecer, adorar, conversar e relacionar-se com Deus como "Pai nosso".

J. I. Packer diz, em seu clássico *O conhecimento de Deus*, que a paternidade de Deus é fundamental para se compreender a vida cristã. Ele escreve:

> O que é um cristão? A pergunta pode ser respondida de várias maneiras, mas a resposta mais rica que conheço é que um cristão é alguém que tem Deus como Pai. [...] Se você quiser avaliar quanto uma pessoa entende do cristianismo, descubra que impacto tem o fato de ser filho de Deus e tê-lo como Pai. Se esse fato não encoraja e controla sua adoração, sua oração e toda sua perspectiva de vida, isso significa que essa pessoa absolutamente não entende o cristianismo muito bem.[1]

Ou talvez ela nem seja cristã. John Wesley foi um dos pregadores e líderes cristãos mais influentes do século XVIII. Wesley cresceu em um lar cristão e, segundo consta, viveu o que parecia ser uma vida cristã exemplar. Formou-se com louvor pela Universidade de Oxford e foi ordenado ministro na Igreja da Inglaterra. Ele visitava regularmente prisioneiros em Londres e doava generosamente comida e provisões a crianças pobres e órfãs. Era estudante ávido da Bíblia. Orava regularmente ao longo do dia, jejuava por até quarenta dias ininterruptos e participava de vários ofícios religiosos aos domingos e durante a semana. Ele, inclusive, foi à colônia britânica da Georgia como missionário para pregar aos nativos indígenas.

Contudo, quando retornou da Georgia para a Inglaterra, Wesley confessou em seu diário que não era cristão. Ele escreveu: "Eu, que fui à América converter os outros, nunca fui convertido a Deus." Você pode se perguntar como Wesley pôde fazer todas aquelas coisas e ainda assim não ser cristão. Veja o que ele escreve logo em seguida em seu diário: "Eu até poderia ter a fé de um servo, apesar de não ter a fé de um filho."[2]

Apesar de tudo que John Wesley estava fazendo, ele jamais tinha entrado em um relacionamento com Deus como seu Pai.

E você? Conhece Deus como Pai? Sua fé é mais parecida com a de um servo ou com a de um filho? A ideia de ser filho de Deus motiva sua adoração, sua oração e toda a sua perspectiva da vida?

A alegria do Pai

Penso na alegria que tenho com meus filhos e a alegria que espero que eles tenham comigo, seu pai. Amo estar com eles, cuidar deles, sustentá-los e brincar com eles. Quando me perguntam qual é minha diversão na vida, aponto para meus filhos.

Periodicamente os levo a algum lugar para curtir uma "noite dos meninos". Comemos alguma coisa, fazemos algo simples juntos e depois voltamos para casa. Uma vez, quando eles eram um pouco menores, eu os estava ajudando a tomar banho a se aprontar para dormir depois de uma dessas "noites dos meninos". Eu estava no quarto de Caleb, vestindo-o depois do banho, quando a campainha da porta soou. Caleb, imediatamente, ainda sem roupas, olhou para mim e disse: "Vou atender a porta."

Claro que olhei para ele e disse: "Não, não vai. Rapaz, não se atende a porta pelado. Fique aqui enquanto eu atendo a porta. Já volto." Ele sorriu enquanto eu saía do quarto.

Abri a porta e encontrei duas garotas mórmons do lado de fora.

"Boa noite, senhor", disseram. "Somos da Igreja de Jesus Cristo dos Santos dos Últimos Dias."

Ótimo, pensei. Sempre aproveito quando tenho uma oportunidade como essa, mas o momento obviamente não era oportuno para convidar aquelas garotas a entrar naquela noite. Enquanto continuavam seu discurso introdutório, pensei comigo mesmo: *Como posso dizer de forma breve, mas certeira, que comunique de forma educada, com compaixão e não ofensiva: "Anseio que confiem tão somente em Cristo e nas Sagradas Escrituras, e queria muito que vocês parassem de espalhar um falso evangelho, fundado em ensinamentos falsos, em minha vizinhança e no resto do mundo!"?*

Mas enquanto elas falavam e eu tentava descobrir exatamente o que fazer em seguida, elas pararam de repente no meio da frase e ficaram de queixo caído. Ao ver o olhar delas, eu soube exatamente o que estava acontecendo. Virei-me e vi meu filho, no topo da escada, completamente nu, dançando em círculos.

As garotas sorriram, logo percebendo que provavelmente aquele não era o melhor momento para uma conversa em nossa casa, e saíram. Apesar de ficar constrangido na hora, conforta-me o fato de que nada que eu pudesse ter dito naquela noite seria tão ofensivo quanto meu filho mostrando o traseiro para duas mórmons.

É em momentos como esse que me lembro da alegria que é ser pai. Obviamente não pelo que Caleb fez nesse episódio, mas simplesmente pelas risadas, pela alegria, pelo amor e até mesmo pelos desafios que vivo com meus filhos. Uma das melhores coisas como pai é experimentar o prazer por meio de meus filhos.

Sabendo disso, fico maravilhado ao ler 1João 3:1: "Vejam como é grande o amor que o Pai nos concedeu: que fôssemos chamados filhos de Deus!" João grita: "Vejam! Vejam a alegria que o Pai tem em *mim* e em *você* como seus *filhos*!"

O Novo Testamento chama a atenção dos discípulos de Jesus para verem que Deus, nosso Pai, tem alegria em nos perdoar (ver Mateus 6:11-15), suprir (ver Mateus 6:25-33), guiar (ver Romanos 8:14), proteger (ver Romanos 8:15), sustentar (1Coríntios 8:6), confortar (ver 2Coríntios 1:3), direcionar (ver 1Tessalonicenses 3:11), purificar (ver 1Tessalonicenses 3:13), disciplinar (ver Hebreus 12:5-11), doar (ver Tiago 1:17), chamar (ver Judas 1:1) e prometer sua herança (ver Colossenses 1:12). Nosso Deus nas alturas tem prazer em fazer todas essas coisas por nós, seus filhos.[3]

Durante algum tempo Caleb e eu tínhamos um costume — eu apontava para ele do outro lado do quarto e gritava: "Eu amo o Caleb!" Ele então olhava de volta para mim e gritava: "Eu amo o papai!"

Um dia, estávamos fazendo isso e Caleb sorria, até parar de repente, olhar para mim e dizer: "Você *me* ama?"

Eu disse: "Sim, eu amo você, rapaz."

Ele então fez a pergunta que parece ser sua favorita: "Por quê?"

"Porque você é meu filho", respondi.

Caleb perguntou de novo: "Por quê?"

Dessa vez pensei comigo mesmo: *Essa é uma boa pergunta. Entre todas as crianças do mundo, por que este garotinho lindo que está em pé na minha frente é meu filho?* Pensei em todos os fatores que cooperaram para que Heather e eu fôssemos ao Cazaquistão e todos os altos e baixos que passamos nesse processo. Houve momentos em que nos perguntamos se algum dia, realmente, teríamos filhos. Meus olhos se encheram de lágrimas e percebi que Caleb ficou confuso, imaginando se deveria algum dia voltar a perguntar "por que" a seu pai novamente. Mas olhei para ele e disse: "Você é nosso filho porque quisemos você. Fomos buscá-lo para que você pudesse ter uma mamãe e um papai."

Você não fica sem fôlego ao ouvir Deus dizer: "Eu amo você"? Ao que nós, em nossa condição de pecadores, certamente respondemos: "Por quê?" Ele, por sua vez, responde: "Porque você é meu filho." Nós então fazemos a pergunta óbvia: "Por que eu, pecador sem esperança, seria agora chamado de seu filho querido?" E ele responde: "Porque eu quis você e fui buscá-lo para que me conheça como Pai."

Fé e sentimento

Certamente essa alegria não foi feita para ser unilateral. Enquanto tenho grande alegria em relação a meus filhos, acredito que eles também tenham grande alegria em relação ao pai deles. Seja pelo sorriso no rosto deles quando brinco com eles, jogando-os para o alto, seja pela velocidade com que correm para meus braços, o prazer deles em relação a mim é palpável e a satisfação que têm em mim, acredito, é evidente.

O mesmo não deveria ser dito a respeito do relacionamento de um discípulo com Deus? Se você é um discípulo de Jesus, tem um sentimento de alegria que caracteriza não apenas a atenção de Deus em relação a você, mas também sua afeição por ele? Seu prazer em relação a ele é palpável e sua satisfação evidente?

Já vimos que quando Jesus nos faz discípulos, ele transforma nossa mente para se parecer com a dele. Como seus seguidores, cremos em sua verdade e abraçamos suas ideias sem exceção. Ser discípulo, porém, envolve muito mais que mero consentimento mental com Cristo. Ser discípulo envolve afeição emocional por ele.

É impossível separar a fé em Cristo dos sentimentos por Cristo. Jonathan Edwards aponta isso claramente em seu clássico livro *Religious Affections* [Afeições religiosas]. Edwards viveu durante uma época em que a igreja estava dividida entre aqueles que priorizavam a emoção em relação à verdade e aqueles que priorizavam a verdade em relação à emoção. Vários cristãos e igrejas pareciam estar se deixando levar por cultos de adoração extremamente emocionais, mas desprovidos da Palavra de Deus. Em contrapartida, outros cristãos e igrejas se agarravam à Palavra de Deus, mas sua adoração era destituída de praticamente qualquer emoção.

Entretanto, Edwards afirmava ser impossível ter emoção sem a Palavra de Deus, e vice-versa. Ele escreveu:

> Nossos deleites externos, nossa ambição e nossa reputação e nossos relacionamentos humanos — por todas essas coisas, nossa alma anseia, nosso apetite é intenso, nosso amor é quente e afetuoso e nosso zelo, ardente. Nosso coração é tenro e sensível quando se trata dessas coisas. É facilmente movido, profundamente impressionado, muito preocupado e grandemente engajado. Ficamos deprimidos com nossas perdas e entusiasmados e felizes com nossas conquistas terrenas e prosperidade. Mas quando se trata de assuntos espirituais, como nos sentimos entediados! Quão pesado e duro fica nosso coração! Podemos nos sentar e ouvir sobre as características do infinito amor de Deus em Cristo Jesus — a altura, a profundidade, o comprimento e a largura e sobre a entrega de seu Filho infinitamente queri-

> do e ainda assim permanecermos frios e insensíveis! [...] Se devemos nos emocionar com algo, não deveria ser em relação a nossa vida espiritual? Há algo mais inspirador, entusiasmante, amável e desejável no céu ou na terra do que o evangelho de Jesus Cristo? [...] A história do evangelho destina-se a nos afetar emocionalmente — e nossas emoções devem ser afetadas por sua beleza e sua glória. O evangelho toca nosso coração em sua área mais sensível, estremecendo-nos profundamente até o âmago da alma. Deveríamos ser tão completamente felizes a ponto de nada nos deixar mais emocionados do que já somos.[4]

De acordo com Edwards, a fé é o combustível do sentimento. O conhecimento intelectual verdadeiro de Deus envolve, natural e necessariamente, um desejo emocional profundo por ele.

O pão da vida

Mas Jonathan Edwards não foi a primeira pessoa a salientar isso. A relação entre fé e sentimento, intelecto e emoção, atenção e afeição é clara em toda a Bíblia e especialmente notável no ensino de Jesus nos Evangelhos. Pensemos em suas palavras à multidão depois de alimentar cinco mil pessoas com cinco pães e dois peixes. Naturalmente a multidão ao redor dele cresceu ainda mais (quem não gosta de comida grátis?), e à medida que faziam perguntas, Jesus transferia os pensamentos deles da comida que sacia o estômago para aquela que alimenta a alma. Sua conversa com a multidão naquele dia levou a uma declaração triunfante quando Jesus disse a eles: "Eu sou o pão da vida. Aquele que vem a mim nunca terá fome; aquele que crê em mim nunca terá sede" (João 6:35).

Com essas palavras, Jesus tirou proveito das necessidades do povo para ajudá-lo a entender quem ele era e o que significava segui-lo.

Todos fomos criados com necessidades — necessidades de coisas como ar, comida, água e companhia. Deus disse a Adão no jardim do Éden: "coma livremente de qualquer árvore do jardim." (ver Gênesis 2:16). O jardim paradisíaco onde moravam Adão e Eva não era um lugar em que humanos tinham necessidades ou desejos. Em vez disso, era um lugar onde todos os desejos e necessidades eram supridos pelo Deus que os havia criado.

O mesmo aplica-se a nossa vida. Você e eu temos necessidades que só o Criador pode satisfazer. Deus nos fez conectados a necessidades de água, alimento, amigos, significado e propósito, e cada um dessas necessidades tem o objetivo de nos levar a Deus como doador de toda boa dádiva e fonte exclusiva de toda satisfação.

Contudo, em Gênesis 3, os desejos da humanidade a levaram para longe de Deus. Considere a anatomia daquele primeiro pecado e perceba com que intensidade girou em torno de desejos ou necessidades. Leia a história: "Quando a mulher viu que a árvore parecia agradável ao paladar, era atraente aos olhos e, além disso, desejável para dela se obter discernimento, tomou do seu fruto, comeu-o e o deu a seu marido, que comeu também" (Gênesis 3:6). Perceba que o gatilho do pecado envolveu o homem e a mulher olhando para as coisas deste mundo para satisfazê-los, de forma independente do Criador. Pela primeira vez no mundo, os desejos da humanidade a levaram a saciá-los de forma independente de Deus. Tragicamente, em sua tentativa de alimentar o estômago, Adão e Eva se afastaram do único que poderia saciar suas almas.

Séculos mais tarde, Deus mais uma vez ensina seu povo a vê-lo como fonte exclusiva de satisfação para seus desejos. Peregrinando no deserto, ansiavam por comida. Em sua misericórdia, Deus enviou pão do céu — o maná milagroso — para satisfazer a fome de seu povo. A cada dia, eles tinham comida suficiente para satisfazerem-se e, enquanto isso, eram lembrados de que Deus supre fielmente as necessidades fundamentais de sua vida (ver Êxodo 16; Deuteronômio 8:3).

Com esse pano de fundo, em João 6, Jesus conversou com a multidão que desejava mais pão. Eles contaram a história de como Moisés lhes deu pão do céu e perguntaram que tipo de pão Jesus podia lhes oferecer. A resposta de Jesus foi certeira. Ele disse: "Não foi Moisés quem lhes deu pão do céu, mas é meu Pai quem lhes dá o verdadeiro pão do céu." (João 6:32). Com essas palavras, Jesus deixou claro que o pão que vem de Deus é muito superior ao maná que vinha de Moisés. Naturalmente, a multidão pediu: "Senhor, dá-nos sempre desse pão!" (João 6:34), assim o palco estava armado para a declaração surpreendente de Jesus.

"Eu sou o pão da vida", disse Jesus. "Aquele que vem a mim nunca terá fome; aquele que crê em mim nunca terá sede" (João 6:35, grifo nosso). Em um pensamento avassalador, comunicou à multidão que ele próprio era a provisão de Deus enviada para satisfazer suas almas. Ele disse à multidão: "Se quiserem ser saciados, tenham fé em mim."

Essa declaração traz consigo muitas implicações para compreender o que significa se tornar e ser discípulo de Jesus. Ir a Jesus ou crer nele é buscá-lo para ter a alma satisfeita eternamente. Ir a Jesus é prová-lo e ver que é bom, e achar nele o fim de todos os seus desejos. Crer em Jesus é experimentar prazer eterno, que ultrapassa em valor e extensão os prazeres temporais deste mundo.

Em Cristo, nosso Criador veio para satisfazer nossos desejos de um modo que nada neste mundo pode jamais se comparar. Isso não significa que todo prazer neste mundo seja errado. Já compartilhei aqui os prazeres que tenho com minha família. Momentos como os que descrevi são apenas a ponta do iceberg quando consideramos todas as coisas que Deus nos deu para usufruirmos neste mundo. Nossas papilas gustativas são desenvolvidas para encontrar prazer na boa comida. Nossos olhos são feitos para achar prazer em um cenário magnífico. Nossos ouvidos são dispostos para ter prazer com uma bela música. Nosso corpo foi desenhado para encontrar prazer na intimidade física com nosso cônjuge.

Porém, em meio a todos esses prazeres para os quais fomos feitos, precisamos sempre nos lembrar que nossa necessidade mais profunda não é de algo, mas de alguém. Nossa satisfação fundamental não é encontrada nas dádivas que recebemos, mas no Doador que nos presenteia com elas, "pois o pão de Deus é aquele que desceu do céu e dá vida ao mundo" (João 6:33).

Prazer verdadeiro

Os seguidores de Cristo são tentados a ignorar isso tudo. Vemos Jesus como o único que pode nos salvar do pecado, mas esquecemos que ele também é o único capaz de satisfazer nossa alma. Como resultado, depositamos nossa fé nele e confiamos em seu perdão, mas perdemos o sentimento por Jesus, que é resultado da satisfação nele.

Muitos cristãos professos acham que ir a Cristo envolve abrir mão de coisas que amamos no mundo a fim de abraçar coisas que, se formos realmente honestos, detestamos. Podemos estar dispostos a "tomar a decisão de seguir Cristo" para salvar nossa pele por toda a eternidade, mas, verdade seja dita, gostamos dos caminhos deste mundo e realmente queremos suas coisas. Então acabamos no meio desse dilema. Achamos que devemos tentar seguir Cristo com mais afinco. Contudo, bem no fundo de nossas almas, prazeres, desejos, honras e posses deste mundo parecem muito mais sedutores. Consequentemente, como já vimos, muitas vezes a vida dos cristãos professos é praticamente indistinguível da vida de pessoas que não são cristãs. Declaramos fé em Cristo, contudo somos tão sensuais, humanísticos e materialistas quanto o mundo ao nosso redor.

Mas não deve ser assim. Quando verdadeiramente vamos a Cristo, nossa sede é saciada pela fonte da vida, e nossa fome, pelo pão do céu. Descobrimos que Jesus é a fonte suprema de satisfação e não queremos *nada* que não venha dele. Percebemos que ele é melhor que a combinação de todos os prazeres, objetivos, honras e posses deste mundo. Ao confiarmos em Jesus, transformamos nossos gostos de tal maneira que começamos a amar as coisas de Deus, que antes odiávamos, e a odiar as coisas do mundo, que antes amávamos.

Reflita sobre como isso acontece na luta de cada discípulo contra o pecado. Apesar de o cristão sentir o gosto da bondade de Deus, a sedução do pecado ainda é forte no mundo. Como então o discípulo de Jesus supera os prazeres prometidos pelo pecado? Quanto ao novo cristão que sofre com a pornografia, como pode ele lutar contra a atração de imagens sedutoras na tela do computador? Quanto ao cristão próspero, que tem dinheiro suficiente para comprar uma casa maior, um carro mais bonito, roupas mais elegantes e comida mais requintada, como ele pode resistir à tentação de fazer a própria vontade enquanto ignora as necessidades espirituais e físicas urgentes que o cercam?

Tais perguntas nos levam a duas opções de resposta. A mais comum e também mais infrutífera é tentar vencer o pecado esforçando-se mais para mudar as atitudes. De forma muito similar à religiosidade superficial, frequentemente buscamos domar nossos desejos com uma lista de "faça isto" e "não faça aquilo". Fazemos o que todas as pessoas em todas as demais religiões no mundo fazem, seguindo certas propostas de comportamento e concentrando-nos em determinadas disciplinas na tentativa de vencer o pecado de fora para dentro.

Mas há outro caminho. Em vez de tentar vencer o pecado pelo esforço árduo de alterar nossas ações, podemos vencê-lo confiando em

Jesus para que ele modifique nossas afeições. Lembre-se das palavras de Jesus: "Aquele que vem a mim nunca terá fome; aquele que crê em mim nunca terá sede" (João 6:35). É assim que vencemos os prazeres do pecado — deixando Cristo nos dominar com o poder da satisfação que vem dele. Quando a luxúria, a mentira, a ganância, as posses materiais ou a pornografia prometerem prazer, lutaremos contra esses apelos com a satisfação em Cristo. Sabemos, acreditamos e confiamos que Jesus é melhor e nos recusamos a ceder ao pecado porque encontramos maior gratificação em nosso Salvador. A maneira de vencer o pecado não é tentando com afinco mudar nossas ações, mas confiando em Jesus para que ele transforme nossos desejos.

E ele transforma. Jesus promete satisfação duradoura a todos os que o seguirem. C. S. Lewis escreveu:

> Se na maioria das mentes modernas esconde-se a ideia de que desejar o próprio bem e sinceramente desejar seu usufruto é algo ruim, considero que tal ideia tenha sido introduzida por Kant e pelos estoicos e não tem parte no cristianismo. De fato, se considerarmos as promessas descaradas de recompensa e a natureza surpreendente das vantagens asseguradas nos Evangelhos, parecerá que nosso Senhor não considera nossos desejos muito fortes, mas ao contrário, muito fracos. Somos criaturas ambíguas que perdem tempo com bebida, sexo e ambição enquanto alegria infinita é oferecida a nós, como uma criança ignorante que quer continuar fazendo tortas de lama em uma favela porque não imagina o que significa um convite para férias na praia. Satisfazer-nos é demasiadamente fácil.[5]

Quando Jesus transforma nossos desejos, percebemos que os problemas que temos com o pecado neste mundo não existem porque queremos prazer demais; nossos problemas ocorrem porque queremos prazer de menos. É trágico quando os autodenominados cristãos vivem exatamente como não cristãos, correndo incessantemente atrás da tentação da vez, da casa maior, dos melhores bens materiais, do novo objetivo, de maior notoriedade, de mais sucesso e do estilo de vida mais confortável. Tal busca por prazer neste mundo reflete a falta de contentamento em Cristo. Lá no fundo, aparentemente as pessoas têm medo de que ao abrirem mão das coisas deste mundo percam satisfação nele. Mas os discípulos de Jesus abandonam com alegria as bugigangas que este mundo oferece porque encontraram um tesouro infinitamente mais valioso em Cristo. A busca ardente pela satisfação verdadeira, profunda e duradoura sempre leva a Jesus.

Quanto mais Cristo satisfaz os desejos de nossa alma, mais ele transforma nossa capacidade de sentir prazer de dentro para fora. Quanto mais andamos com ele, mais o queremos. Quanto mais o experimentamos, mais desfrutamos dele. E isso transforma cada faceta da vida cristã.

Desejando a palavra de Deus

Analisemos o papel central do *desejo* na vida do discípulo. Por que o discípulo de Jesus lê a Bíblia? Porque *quer* a Palavra de Deus.

Lembro-me quando Heather se mudou para cursar a faculdade e eu ainda estava no colégio. Naquela época éramos tecnicamente só amigos, mas eu sentia muito mais falta dela do que de outros amigos que se formaram antes de mim. Decidi escrever uma carta poucos dias depois de sua partida. Fico feliz ao ver o que escrevi para ela (por razões que você conhecerá em breve), mas este é o teor da carta (com alguns comentários meus entre parênteses, analisando a mim mesmo naquela época):

> *Querida Heather,*
>
> *Cara, que bom você ter ligado hoje.*
>
> (Cara? Que introdução é essa? Sei que ao escrever uma carta como esta para uma garota, você escolhe cuidadosamente cada palavra. Não tenho ideia do que me levou a pensar que a primeira palavra logo no início deveria ser *cara*. Aparentemente tínhamos acabado de conversar, então continuei...)
>
> *Queria te ligar quinta, sexta, sábado, domingo e hoje, mas imaginei que você estivesse muito ocupada.*
>
> (Não se deve dizer isso! O melhor é dizer que você tem estado muito ocupado. Aparentemente, eu não estava.)
>
> *Quando ouvi sua voz, foi tão maravilhoso que não consigo nem explicar como me senti. Sua voz estava maravilhosa.*
>
> (Esse não é o comentário mais pobre que você já leu? Maravilhoso? Duas vezes? E foi piorando ao longo de mais três páginas. Mas vou seguir adiante e pular para o fim...)

Cara, não estou apenas desperdiçando tinta ao escrever isto.

(Cara de novo? E não estou desperdiçando tinta? Dá para desconfiar que nunca havia tido uma namorada antes? Ficou óbvio?)

Minha vida não é a mesma sem você por perto. Sinto falta de conversar e passar o tempo com você. A saudade de você é extrema.

(Extrema? Sério mesmo?)

Estou orando por você, cara.

(Para quem estiver contando, foram três menções da palavra "cara" em apenas nove linhas.)

Em Cristo,

(Não coloque a culpa nele...)

David

Gostaria que essa carta fosse uma brincadeira, mas infelizmente não é. Eu havia esquecido completamente que a escrevi (algumas recordações devem ser esquecidas), e a única razão pela qual ainda tenho essa carta é porque minha esposa a resgatou para me mostrar em nosso décimo aniversário de casamento. Com lágrimas nos olhos, ela me agradeceu por correr atrás dela apaixonadamente e por amá-la fielmente todos aqueles anos desde o nosso casamento. As palavras daquela carta, que parecem ridículas a qualquer um, têm valor inestimável para ela, pois refletem o relacionamento íntimo que temos um com o outro.

Para pessoas que ainda não renasceram, as palavras das Escrituras parecem chatas e entediantes; alguns, talvez a maioria, diriam até que essas palavras são ridículas. Mas para aqueles que são seguidores de Jesus, para homens e mulheres cujos corações foram transformados pela busca ardente e pelo amor fiel de Cristo, essas palavras têm valor inestimável. Pessoas assim não apenas leem, mas meditam nessas palavras. Não apenas as examinam, mas as aproveitam. Não apenas as analisam, mas as praticam. Pois as palavras de Jesus refletem o relacionamento íntimo que os discípulos têm com ele.

É assim que a Bíblia fala sobre a Palavra de Deus. O salmista Davi escreve: "Os preceitos do Senhor são justos, e dão alegria ao coração [...] São mais desejáveis do que o ouro, do que muito ouro puro; são mais doces do que o mel, do que as gotas do favo. [...] há grande recompensa em obedecer-lhes." (Salmos 19:8,10,11).

De maneira similar, em Salmos 119 diz:

Regozijo-me em seguir os teus testemunhos
como o que se regozija com grandes riquezas.
A minha alma consome-se de perene desejo das tuas ordenanças.
Sim, os teus testemunhos são o meu prazer;
eles são os meus conselheiros.
Tenho prazer nos teus mandamentos; eu os amo.
Como eu amo a tua lei! Medito nela o dia inteiro.
Os teus testemunhos são a minha herança permanente;
são a alegria do meu coração.
Abro a boca e suspiro, ansiando por teus mandamentos.
Eu me regozijo na tua promessa
como alguém que encontra grandes despojos.
Obedeço aos teus testemunhos; amo-os infinitamente!
(Salmos 119:14,20,24,47,97,111,131,162,167)

E você? Ama intensamente a Palavra de Deus? Quando abre a Bíblia, é como se você tivesse descoberto um tesouro valioso? As palavras em suas páginas são a alegria de seu coração? A Bíblia existe para ser o pão diário do discípulo. Mais importante, valiosa, apreciada e desejada do que café da manhã, almoço ou jantar é "toda palavra que procede da boca de Deus" (Mateus 4:4 citando Deuteronômio 8:3).

Desejando comunhão

Igualmente, por que o discípulo de Jesus ora? Porque *deseja* comunhão com Deus.

Porém, somos propensos a ignorar isso. A maioria de nós aprendeu a orar e a pensar na oração simplesmente como pedir coisas. "Abençoa--me, ajuda-me, protege-me e sustenta-me." Frequentemente são essas as únicas palavras que saem da nossa boca quando oramos. Nossas orações são repletas de coisas de que precisamos e queremos. Consequentemente, na oração, ficamos satisfeitos quando Deus responde como pedimos e perplexos quando ele não o faz.

Mas, e se a oração não for uma lista de coisas que Deus tem a fazer? Afinal, Jesus diz a seus discípulos que o "Pai sabe do que precisam, antes mesmo de o pedirem" (Mateus 6:8). Aparentemente, Deus não está lá no céu com papel e caneta, esperando nossa oração para que possa descobrir quais são nossas necessidades. Claramente, a oração envolve algo muito mais profundo — e maravilhoso — do que simplesmente informar a Deus aquilo que ele já sabe.

O propósito da oração não é que os discípulos levem informação a Deus, mas que experimentem intimidade com ele. É por isso que Jesus fala a seus discípulos: "Vá para seu quarto, feche a porta e ore a seu Pai, que está em secreto." (Mateus 6:6a). Ele está dizendo para encontrarmos um lugar, reservarmos um tempo, ficarmos a sós com Deus. Essa prática única irá revolucionar sua vida — não apenas sua vida de oração, mas sua vida inteira. Pois acontece algo que não pode ser descrito em palavras quando o discípulo fica a sós com Deus. Em um lugar silencioso, atrás das portas fechadas, quando temos comunhão com o Deus do universo, infinitamente grande e indescritivelmente bom, experimentamos uma alegria a que ninguém nem nada neste mundo pode se comparar.

Jesus prometeu o seguinte: "Seu Pai, que vê em secreto, o recompensará" (Mateus 6:6b). Essa recompensa é profundamente emocional. Expressamos adoração a Deus em oração ao experimentarmos seu profundo afeto. Na oração, o discípulo de Jesus se encontra cantando com o salmista:

> Ó Deus, tu és o meu Deus,
> eu te busco intensamente;
> a minha alma tem sede de ti!
> Todo o meu ser anseia por ti,
> numa terra seca,
> exausta e sem água. [...]
> A minha alma ficará satisfeita como de rico banquete;
> com lábios jubilosos a minha boca te louvará.
>
> Quando me deito lembro-me de ti;
> penso em ti durante as vigílias da noite.
> (Salmos 63:1,5, 6)

Essa adoração alegre a Deus dá lugar à tristeza profunda por qualquer pecado que permanece no coração do discípulo. Não importa quão pequeno um pecado possa parecer, sabemos que nosso Pai é perfeitamente santo e infinitamente digno de obediência absoluta, e estremecemos por qualquer desobediência a sua vontade ou desonra a seu nome em nossa vida. Podemos nos identificar com Esdras, que clamou: "Estou por demais envergonhado e humilhado para levantar o rosto diante de ti, meu Deus, porque os nossos pecados cobrem as nossas cabeças e a nossa culpa sobe até aos céus" (Esdras 9:6).

Mas em seguida, o leque emocional da oração balança novamente para nossa grata surpresa, pois, ao confessarmos a gravidade de nosso pecado, somos lembrados da graça de nosso Salvador. Ao nos lembrarmos de Romanos 8:1 — "Agora já não há condenação para os que estão em Cristo Jesus" —, levantamos a cabeça da vergonha de nosso pecado e nos posicionamos sob o guarda-chuva da misericórdia de Deus. Somos ternamente convencidos a observar como agora descansamos diante do Deus Todo-poderoso, vestidos com a justiça de seu Filho. Independentemente das circunstâncias de nossa vida, nosso coração transborda de gratidão, pois sabemos onde merecemos estar devido ao nosso pecado e temos confiança sobre onde estaremos um dia, graças ao sacrifício de Cristo. Assim temos comunhão com Deus na condição de filhos gratos que amam estar com seu Pai.

No contexto da adoração e da afeição inspiradoras; da confissão e da contrição dolorosas; e da gratidão e do louvor que tiram o fôlego, clamamos a Deus que supra nossas necessidades mais profundas. Compartilhamos os desejos de nossa alma, não porque tentamos oferecer informações a Deus, mas porque confiamos em sua providência. Nisso tudo percebemos que a disciplina da oração foi estabelecida por Deus para nossa alegria e nosso prazer.

Alegria em cada disciplina

Desejos similares acompanham todas as outras disciplinas da vida de um discípulo. Por que adoramos a Deus? Porque *queremos* Deus. Exaltamos seu nome exatamente porque nos deleitamos nele. C. S. Lewis expressou isso maravilhosamente quando escreveu:

> Todo deleite transforma-se espontaneamente em louvor. [...]
> O mundo celebra em louvor — amantes louvam a pessoa amada, leitores louvam seu poeta favorito, os caminhantes louvam o campo, jogadores louvam seu jogo favorito. [...]
> Acredito que nos deleitemos em louvar aquilo de que gostamos, pois o louvor não apenas expressa, mas completa o gozo; é a consumação à qual estava destinado.[6]

Quando nos deleitamos em algo, declaramos nosso deleite. Quando adoramos alguém, anunciamos nossa adoração. Não é essa, portanto, a essência da adoração — exaltar com nossos lábios e nossa vida aquele a quem amamos acima de tudo?

Por que jejuamos como discípulos de Jesus? Porque nossa alma se *banqueteia* com a glória de Deus. O jejum é uma expressão externa de uma realidade interna. Quando jejuamos abstendo-nos de uma refeição, durante um dia inteiro ou uma semana, nos lembramos de que, mais do que nosso estômago deseja o prazer da comida, nossa alma anseia pela presença de Deus. Satisfazemo-nos nele e por ele de uma maneira nada neste mundo poderia se comparar — nem mesmo a mais básica necessidade diária de alimento. O jejum faz sentido como uma disciplina da vida cristã apenas se estiver associado com o desejo por Cristo. Quando jejuamos, dizemos: "Mais do que queremos saciar nossa fome, queremos que o teu Reino venha!" (ver Mateus 6:9-18).

Por que doamos como discípulos de Jesus? Porque somos tomados pela *gratidão* pelo que recebemos de Deus. Como seguidores de Jesus, não somos forçados por Deus para doar nossos recursos; somos libertos por ele para doá-los. Sabemos que o tesouro espiritual já nos foi dado em Cristo, e assim somos compelidos a doar tesouros materiais para a glória dele. Nas palavras de Paulo: "Vocês conhecem a graça de nosso Senhor Jesus Cristo que, sendo rico, se fez pobre por amor de vocês, para que por meio de sua pobreza vocês se tornassem ricos" (2Coríntios 8:9). Assim, Paulo diz: "Cada um dê conforme determinou em seu coração, não com pesar ou por obrigação, pois Deus ama quem dá com alegria" (2Coríntios 9:7). O discípulo de Jesus não doa devido a um sentimento de obrigação ou culpa; ele doa porque foi tomado pela graça de Deus.

Finalmente, por que compartilhamos o evangelho? Por que discípulos de Jesus fazem outros discípulos? Certamente a resposta não é porque somos forçados a isso, nem porque somos coagidos pela culpa. A motivação clara e simples é o anseio intenso do discípulo de ver cada vez mais pessoas conhecendo Jesus. Pois quando nossa sede é eternamente saciada pela infinita bondade, grandeza, graça, misericórdia, majestade, força e suficiência de Deus em Cristo, contamos, com entusiasmo e ansiedade, a todos onde podem satisfazer sua sede. Fazer discípulos de Jesus é o transbordamento de nossa alegria em sermos discípulos dele.

Desfrutando Deus como Pai

A pergunta fundamental então é clara: você está se alegrando em Deus? Você está emocionalmente dominado, neste exato momento, pela ideia de que é filho de Deus? Você realmente já provou seu prazer transcendental de uma maneira que o leva a ler a Bíblia, orar, adorar, jejuar, doar e compartilhar o evangelho além de todas as outras atitudes que agora é compelido a fazer por amor a Deus?

Esse é o cerne do discipulado de Jesus — desfrutar Deus como Pai por intermédio de Cristo, o Filho. E quando isso se torna realidade em sua vida, revoluciona completamente sua razão de viver.

Capítulo 6
A vontade de Deus para sua vida

Um membro de nossa igreja chamado Matthew serviu muitos anos ao lado de cristãos em uma das regiões mais seriamente perseguidas do mundo. Converter-se a Jesus naquela nação quase que exclusivamente muçulmana tinha um alto preço. Matthew me disse que no dia em que uma pessoa confessava sua fé em Cristo naquele país, era encorajada a fazer uma lista de todos os não cristãos que conhecia (o que incluía praticamente *todas* as pessoas que conhecia). Em seguida recomendava-se que o novo convertido circulasse naquela lista o nome de dez pessoas que teriam menor probabilidade de matá-lo por ter se tornado um seguidor de Jesus. O novo cristão era então encorajado a compartilhar o evangelho com cada uma daquelas dez pessoas o mais rápido possível. Foi exatamente o que os cristãos daquele país fizeram, e foi assim que o evangelho se espalhou por lá.

Parece muito com Mateus 4, não? "Sigam-me, e eu os farei pescadores de homens" (Mateus 4:19). Assim que se torna seguidora de Jesus, uma pessoa começa a pescar homens.

Mas, infelizmente, não é o que acontece com muitos — talvez com a maioria — dos cristãos professos no mundo. Muitos raramente já compartilharam o evangelho de Jesus Cristo com ao menos uma pessoa em algum momento de sua vida. E mesmo a maioria dentre aqueles que já compartilharam em algum momento não está ativamente levando pessoas a seguir Jesus.

Por que isso acontece? Por que tão poucos seguidores de Cristo estão pessoalmente pescando homens quando isso deveria ser fundamental na vida de todo cristão? Poderia ser pelo fato de que entendemos errado o propósito fundamental para o qual Deus nos criou? E é possível que como resultado disso estejamos desperdiçando um dos principais prazeres que Deus preparou para nós?

Ao transformar pensamentos e desejos em nossa vida, Jesus revoluciona nossa razão de viver. Entender essa realidade é essencial para compreender e experimentar a vontade de Deus como discípulo de Jesus.

A pergunta mais comum

Qual é a vontade de Deus para minha vida? Essa é, provavelmente, a pergunta mais comum no cristianismo hoje em dia. Temos questionamentos e deparamos com decisões o tempo todo, e constantemente nos perguntamos qual é a vontade de Deus em relação a elas.

Algumas decisões são pequenas e parecem menos significativas. Que livro devo ler este mês? Onde devo comer hoje? Devo comer em casa? Devo comer fora? Se comer fora, aonde devo ir? Como comida mexicana? Chinesa? Hambúrguer? Massa? O que fazer quando meu filho de dois anos dá um ataque? O que fazer quando meu filho de dezesseis anos dá um ataque? O que fazer quando *eu* dou um ataque?

Outras questões envolvem decisões sérias, que impactam nossa vida. Devo namorar? Se sim, quem devo namorar? Devo ir para a faculdade? Se sim, para qual? Que curso devo fazer? Que carreira devo escolher? Devo me casar? Se sim, com quem? Devo ter filhos? Se sim, quantos? Onde devo viver? Como devo viver?

Encontramo-nos enterrados sob milhares de perguntas e decisões, e em meio a todas elas continuamos voltando a uma pergunta — qual é a vontade de Deus para minha vida? O que Deus quer que eu faça? Como descobrir a vontade de Deus para minha vida?

Vivemos como se a vontade divina estivesse perdida. E elaboramos uma variedade de métodos para encontrá-la.

Há o "método do dedo aleatório". Sempre que precisar saber a vontade de Deus, feche os olhos, abra a Bíblia aleatoriamente, coloque o dedo em algum lugar da página aberta e em seguida abra os olhos para descobrir a vontade dele para sua vida. Um amigo de faculdade experimentou esse método. Ele queria marcar um encontro com certa garota, mas ela não estava demonstrando interesse nele. Em seu esforço para descobrir como fazê-la prestar atenção nele, meu amigo apontou aleatoriamente para Romanos 8:25, que diz: "Se esperamos o que ainda não vemos, aguardamo-lo pacientemente."

Foi como uma voz ecoando do céu. Ele havia encontrado a luz. *Simplesmente espere*, dizia a voz de Deus, *e ela irá mudar de ideia*. O único problema é que esse versículo jamais se destinou a dar esperança a um adolescente em busca de um encontro com uma garota. O verso foi escrito para dar esperança a pessoas que sofriam enquanto esperavam o dia em que veriam Cristo. E no final das contas, aparentemente aquela garota não ouviu a mesma voz ecoando do céu que meu amigo ouviu.

Vamos seguir adiante para o "método do milagre surpreendente". Procure uma sarça ardente como Moisés encontrou, ou uma luz ofuscante como a que Paulo experimentou, e lá encontrará a vontade de Deus. O principal problema desse método é que ele aparentemente não é muito comum. Perguntei a algumas pessoas e pouquíssimas delas já conversaram com um arbusto (pelo menos não com um arbusto que as respondesse), e poucas ficaram cegas por causa de uma luz enquanto andavam pela rua. Aparentemente esse não é o método mais popular de Deus.

E o "método da coincidência extraordinária"? Esse método recomenda que fiquemos atentos a coincidências extraordinárias que surjam e nos digam o que fazer. Talvez você esteja na faculdade e na dúvida entre cursar letras ou matemática. Então, vai dormir e acorda no meio da noite, olha para o relógio e vê "2:22". No meio da noite seguinte, você vê "3:33". Você acha que algo estranho está acontecendo e vai dormir na noite seguinte com certa ansiedade, e eis que você acorda, olha para o relógio e lá está "4:44". Chocado, você desce da cama e cai de joelhos porque Deus falou. É matemática.

Ou talvez Deus esteja apenas lhe dizendo para tomar um *Dramin*® e dormir a noite inteira.

Imagine que você seja aquele aluno de faculdade e esteja andando pelo campus, pensando sobre a pessoa com quem Deus quer que você se case. Alguém jogou no chão uma lata de Coca-Cola, e você a chuta enquanto anda. De repente, você levanta a cabeça e vê um grupo de garotas bem na sua frente. No meio delas está uma garota vestindo uma camisa de cor vermelha bem viva. Você fica paralisado. Novamente, o Senhor falou. Você olha para a lata vermelha de Coca-Cola e olha para a garota de camisa vermelha e conclui que Deus está lhe mostrando a mulher dos seus sonhos.

Claro que, neste ponto, você está baseando sua compreensão da vontade de Deus e de seu futuro casamento na ideia de que ele fez alguém jogar uma lata de Coca-Cola no chão no lugar exato onde você estaria passando. E que bom que o porcalhão não bebia Sprite, pois, se fosse o caso, você teria levantado a cabeça e visto a garota de camisa verde, teria se casado com a garota errada e acabado com sua vida, a vida da garota, do rapaz com quem ela deveria ter se casado e assim por diante — você teria atrapalhado a vida de todo mundo.

E por aí vai. Temos o "método da lã seca e molhada", pelo qual se testa Deus para ver o que ele quer que façamos. Temos o "método da voz calma e baixa", que sugere esperar que Deus fale de forma calma e bem baixinho. Quando sua voz estiver calma e baixinha o suficiente de acordo com nosso padrão (seja lá qual for esse padrão), saberemos sua vontade. Temos ainda o "método da porta aberta", de acordo com o qual se Deus abre uma oportunidade, obviamente é a vontade dele que a abracemos. Outra versão da mesma linha de raciocínio é o "método da porta fechada" — se uma decisão parece difícil, obviamente não é da vontade de Deus que a tomemos (pois ele jamais quereria que fizéssemos nada difícil).[1]

Movidos por boas intenções, tentamos usar vários métodos para descobrir a vontade de Deus. Mas e se a vontade de Deus não puder ser encontrada? Na verdade, e se ela jamais fora escondida de nós? E se Deus, o Pai, não tiver enviado seus filhos para uma caça ao ovo de páscoa pelo universo para descobrir sua vontade enquanto ele fica sentado no céu dizendo: "Está frio... quente... frio..."? E se, enquanto procuramos a vontade de Deus dessa forma, deixamos de lado o real significado de ser discípulo de Jesus?

A questão mais importante

Vejamos como o discipulado transforma não apenas nossa mente e nossas emoções, mas também nossas vontades. Você e eu já vimos que quando vamos a Cristo morremos para nós mesmos. Voltando às palavras de Paulo, cada um de nós como cristão diz: "Fui crucificado com Cristo. Assim, já não sou eu quem vive, mas Cristo vive em mim" (Gálatas 2:20). Como seguidores de Jesus, nossa vida está inserida na dele e nossos caminhos totalmente rendidos a sua vontade.

É exatamente isso que ilustramos no batismo, quando nos tornamos seguidores de Jesus. Paulo perguntou aos cristãos romanos:

> Ou vocês não sabem que todos nós, que fomos batizados em Cristo Jesus, fomos batizados em sua morte? Portanto, fomos sepultados com ele na morte por meio do batismo, a fim de que, assim como Cristo foi ressuscitado dos mortos mediante a glória do Pai, também nós vivamos uma vida nova.

(Romanos 6:3, 4). No batismo, o cristão faz uma declaração pública de que está morto para o pecado e vivo para Cristo. Assim como Jesus fez, o discípulo morre para si mesmo. Assim como Jesus ressuscitou, o discípulo agora vive em Cristo.

A importância do batismo foi gravada em minha mente e em meu coração durante o período que passei com irmãos asiáticos nas igrejas domiciliares clandestinas. Certo dia, eu estava ensinando sobre a formação de discípulos com base em Mateus 28 e expliquei o mandamento de Jesus quanto ao batismo dos cristãos. Enfatizei como o batismo é um passo de obediência importante, essencial e inegociável para o novo seguidor de Cristo, pois simboliza sua identificação fundamental com a morte e a ressurreição de Jesus.

Quando terminei, dois homens que estavam na sala, Li e Huan, disseram que não tinham sido batizados e gostariam de sê-lo. No dia seguinte, um dos pastores dessa igreja domiciliar, Jiang, me pediu para ensinar mais sobre o batismo. De repente, enquanto lia passagens como Romanos 6, eu percebi. Eu estava em um país onde era considerado ilegal que aqueles dois homens se identificassem como seguidores de Cristo por meio do batismo. Este era um ponto crucial e decisivo na vida daqueles homens e uma escolha potencialmente perigosa para eles. Tocado por essa consciência da circunstância, encerrei nossa reunião ao redor da Palavra com um lembrete a Li e Huan de que poderia lhes custar muito caro serem batizados naquele dia.

Imediatamente, Jiang pediu a Li e Huan que fossem para o meio da sala. Todos estavam em silêncio enquanto eles se posicionavam. Jiang olhou para Li, um irmão com seus vinte e poucos anos que havia se convertido a Cristo fazia pouco tempo, e perguntou sem rodeios: "Li, você está disposto a ser batizado, sabendo que isso pode lhe custar a vida?"

Resoluto e sem hesitar, Li olhou para Jiang e disse: "Já sacrifiquei tudo para seguir a Jesus. Sim, quero ser batizado."

Huan era um adolescente que também tinha se convertido a Cristo recentemente. Diante dos demais naquela igreja domiciliar, Jiang perguntou-lhe: "Huan, você está disposto a ser batizado hoje, sabendo que isso pode lhe custar a vida?" Com um leve embargo na voz, Huan olhou para Jiang e disse: "Jesus é meu Senhor. O que ele me disser para fazer, vou fazer."

Com isso, Li e Huan foram batizados — sob risco de perderem suas vidas. Observando esses irmãos se identificarem com Cristo por meio do batismo, eu sabia que daquele ponto em diante ambos teriam um futuro completamente diferente. Eles deram a Jesus tudo que eram, tudo que tinham, tudo que eventualmente viriam a fazer e ser. Eles submeteram completa e alegremente seus caminhos à vontade de Deus.

Contudo, a figura desses irmãos em uma igreja domiciliar na Ásia é muito diferente da maneira como os cristãos professos falam sobre a vontade de Deus em nossa cultura. Muito frequentemente falamos sobre a vontade de Deus em termos negativos e em tom sombrio.

"Não sei se estou disposto a ir aonde Deus me levar", dizem alguns (ou pelo menos assim pensam). "Tenho medo de ir aonde ele pode me levar. E se ele me levar para a África? E se me disser para eu morar em uma casa menor? E se ele virar minha vida de cabeça para baixo?" Como resultado disso, ficamos ansiosos e hesitamos em dizer a Deus: "Eu vou aonde o Senhor me levar e darei o que o Senhor pedir."

Mas como pode um cristão ter medo de dizer isso a Deus? Afinal, ele é nosso Pai. Se meus filhos me dissessem "Pai, essa semana, faremos o que o senhor considerar melhor para nós", como você acha que eu responderia? Eu tornaria a semana deles horrível? Certamente não. Eu honraria a confiança em mim guiando-os em direção ao que é melhor para eles. Porém, eu não sou perfeito e não sei o que é melhor para meus filhos 100% do tempo. Mas Deus sabe. Ele é um Pai perfeito e não comete erros. Ele deseja nosso bem mais do que nós mesmos. Então, não deveríamos submeter alegremente nossas vontades à dele?

É isso que significa ser discípulo. Conforme declaramos e demonstramos em nosso ato inicial do batismo, perdemos nossa vida em Cristo e sujeitamos com alegria nossos caminhos à vontade dele.

Isso é verdade em sua vida? Seu coração está sujeito à vontade de Deus por inteiro e sem hesitação, independentemente das circunstâncias? Caso não esteja, o que, então, isso demonstra quanto ao seu relacionamento com Deus? Está subestimando o cuidado dele por você, como se ele não soubesse o que lhe é melhor? Ou está superestimando sua sabedoria diante de Deus, como se você soubesse mais do que ele o que é melhor para você?

Andando de acordo com a vontade de Deus

Essas perguntas nos levam a perceber que simplesmente conhecer e confiar em Deus é muito mais importante do que procurar e ficar atento à vontade dele. Nós ansiamos por fórmulas mecânicas e respostas fáceis quando o assunto é a vontade de Deus, e todos os métodos que mencionei anteriormente — do dedo aleatório, do milagre surpreendente, da coincidência extraordinária, da lã seca e molhada, da voz calma e baixa, da porta aberta e da porta fechada — são exemplos disso. Queremos encontrar atalhos que nos levem à mente de Deus; mas esse não é o seu plano — ou devo dizer, essa não é a sua vontade. Sua preocupação fundamental não é levar-nos do ponto A para o ponto B pelo caminho mais rápido, fácil, tranquilo e claro possível. Em vez disso, sua preocupação é que o conheçamos mais profundamente, à medida que confiamos nele mais plenamente.

Depois de escrever *Radical*, recebi todos os tipos de perguntas e comentários sobre facetas específicas da vida cristã nos Estados Unidos. As pessoas me perguntavam: "Como é um estilo de vida radical na prática? Que tipo de carro devo ter, ou ainda, devo ter um carro? Em que tipo de casa devo morar? Devo adotar um filho? Devo me mudar para outro país em trabalho missionário?"

Apesar de achar essas perguntas sinceras e honestas, eu as considero um tanto perturbadoras. Tive a sensação de que as pessoas estavam procurando um quadrado onde marcar um "X" ou um critério a seguir que assegurasse que estariam obedecendo a Deus. Mas essas perguntas, se não formos cuidadosos, passam por cima do principal em seguir Jesus. Além dos mandamentos de Cristo nas Escrituras, não temos nenhum conjunto de regras ou normas relacionadas a como os mandamentos radicais de Cristo se aplicam a nossa vida. Em vez disso, temos um relacionamento com Jesus.

Portanto, nos aproximamos dele. Passamos tempo com ele. Ouvimos sua Palavra com sinceridade enquanto andamos em obediência a ela. Enquanto fazemos isso, Deus nos guia de acordo com sua vontade e sutilmente percebemos que ela não é um mapa da mina a ser desenterrado de algum lugar. Em vez disso, é um relacionamento que Deus quer que experimentemos a cada dia. Essa é a fonte da qual a vida radical brota.

Oswald Chambers ilustra isso com a imagem de um homem andando por um caminho no meio da floresta. Chambers questiona em que momento o homem se perguntará onde está a trilha. Obviamente, ele diz, o homem só irá se perguntar onde está a trilha quando estiver, na verdade, fora dela. Enquanto o homem andar na trilha, nunca precisará perguntar onde a trilha está. À luz dessa ilustração, ele escreve:

> Estar em contato tão intenso com Deus a ponto de não precisar nunca pedir que ele mostre sua vontade significa estar próximo do estágio final de sua disciplina na vida de fé. Quando estamos devidamente relacionados com Deus, temos uma vida de liberdade e deleite, somos a própria vontade de Deus e todas as nossas decisões baseadas no bom senso são a vontade dele para nós, a menos que ele impeça. Tomamos decisões em amizade perfeita e prazerosa com Deus, sabendo que se nossas decisões estiverem erradas ele irá sempre impedir; quando ele impedir, paramos imediatamente.[2]

O objetivo do discípulo de Jesus, então, não é responder à pergunta: "Qual é a vontade de Deus para minha vida?" Em vez disso, o alvo é andar na vontade dele a cada momento, a cada dia.

A vontade de Deus revelada

Quanto mais conhecemos a Deus e mais andamos de acordo com sua vontade, mais entendemos quão tolo é pensar que ele em algum momento poderia querer escondê-la de nós. Pelo contrário, percebemos que o desejo de Deus de que conheçamos sua vontade é exponencialmente maior do que nosso desejo de conhecê-la. Ele quer tanto que a conheçamos que revela sua vontade a nós por meio de sua Palavra.

Deus tem uma vontade e a deixou clara. Da primeira à última página, a Bíblia mostra que Deus deseja redimir homens e mulheres de toda raça, tribo, língua e nação por sua graça e para sua glória. No início da história, Deus criou o homem e a mulher para desfrutarem sua graça e expandir sua glória sobre a terra (ver Gênesis 1:26-28). Os patriarcas então demonstraram como Deus abençoa seu povo para que sua bênção se espalhe sobre todos os povos (ver Gênesis 12:1-3; 26:4; 28:14). O salmista, no Antigo Testamento, sabe que essa é a vontade de Deus, portanto ora: "Que Deus tenha misericórdia de nós e nos abençoe, e faça resplandecer o seu rosto sobre nós, para que sejam conhecidos na terra os teus caminhos, a tua salvação entre todas as nações" (Salmos 67:1, 2). Os profetas ecoam esse clamor, conectando a salvação de Deus para seu povo com a vontade dele de salvar todos os povos. O livro de Isaías termina com a promessa de Deus de enviar seu povo a todas as nações para declarar sua glória:

> Virei ajuntar todas as nações e línguas, e elas virão e verão a minha glória. Estabelecerei um sinal entre elas, e enviarei alguns dos sobreviventes às nações [...] que não ouviram falar de mim e não viram a minha glória. Eles proclamarão a minha glória entre as nações. (Isaías 66:18, 19)

Habacuque profetiza o dia em que "a terra se encherá do conhecimento da glória do Senhor, como as águas enchem o mar" (Habacuque 2:14).

A vontade de Deus de ser adorado entre todas as nações continua no Novo Testamento. Nos Evangelhos, Jesus encerra seu tempo na terra ordenando que seus seguidores vão às nações. Ele diz a seus discípulos para fazerem outros discípulos, pregarem o evangelho e proclamarem sua glória até os confins da terra (ver Mateus 28:18-20; Lucas 24:47-49; Atos 1:8).

A história da Igreja e as cartas à Igreja no Novo Testamento revelam a mesma ênfase. Na carta aos Romanos, Paulo descreve o propósito da morte de Cristo na cruz, dizendo: "Eu lhes digo que Cristo se tornou servo dos que são da circuncisão, por amor à verdade de Deus, para confirmar as promessas feitas aos patriarcas, a fim de que os gentios glorifiquem a Deus por sua misericórdia" (Romanos 15:8, 9). Em outras palavras, Cristo morreu não apenas por Israel, povo de Deus no Antigo Testamento, mas para que todas as nações pudessem louvá-lo por sua salvação. Como resultado, apenas alguns versos adiante, Paulo descreve como sua vontade agora está submetida à vontade de Deus, dizendo: "Sempre fiz questão de pregar o evangelho onde Cristo ainda não era conhecido, de forma que [...] 'hão de vê-lo aqueles que não tinham ouvido falar dele, e o entenderão aqueles que não o haviam escutado.'" (Romanos 15:20, 21).

Pedro reforça esse propósito de Deus na história, dizendo que ele não quer "que ninguém pereça, mas que todos cheguem ao arrependimento" (2Pedro 3:9). E no fim da Bíblia, a vontade de Deus de salvar homens e mulheres de toda raça, tribo, língua e nação é finalmente concretizada. João escreve:

> Depois disso olhei, e diante de mim estava uma grande multidão que ninguém podia contar, de todas as nações, tribos, povos e línguas, de pé, diante do trono e do Cordeiro, com vestes brancas e segurando palmas. E clamavam em alta voz: "A salvação pertence ao nosso Deus, que se assenta no trono, e ao Cordeiro." (Apocalipse 7:9, 10)

A vontade de Deus é clara na Bíblia da primeira à última página. Do começo ao fim, a vontade de Deus é ser adorado. Ele quer que todos ouçam, recebam, abracem e respondam ao evangelho de sua graça, para louvor da sua glória sobre toda a terra.

Portanto, não surpreende que as primeiras palavras de Jesus a seus discípulos no livro de Mateus sejam: "Sigam-me e eu os farei pescadores de homens." Nos dias que se seguiram, ele ensinou-os que sua vinda foi para "buscar e salvar o que estava perdido" (Lucas 19:10) e lhes disse que assim como o Pai o enviou ao mundo, ele os enviaria ao mundo também (ver João 17:18). Mais adiante, não somos surpreendidos quando as últimas palavras de Jesus a seus discípulos são: "Vão e façam discípulos de todas as nações" (Mateus 28:19).

Essa é a vontade de Deus para o mundo — criar, chamar, salvar e abençoar seu povo para espalhar sua graça e glória entre todos os povos. Essa vontade não é para ser encontrada; é para ser seguida. Não temos de nos perguntar sobre a vontade de Deus quando fomos criados para andar nela. Não precisamos pedir que Deus revele sua vontade para nossas vidas; em vez disso, cada um de nós deve pedir que Deus alinhe nossa vida à vontade que ele já revelou.

A vontade de Deus para nós, discípulos de Jesus, é que façamos discípulos dele em todas as nações. Portanto, a pergunta que todo discípulo deve fazer é — "Qual a melhor maneira de eu fazer discípulos de todas as nações?" Quando fazemos essa pergunta, percebemos que Deus quer tanto que experimentemos sua vontade que ele vem viver em nós para realizá-la.

O propósito do Espírito na Bíblia

Agora você pode estar pensando: *Você não está simplificando demais a vontade de Deus? Certamente a vontade dele é mais do que simplesmente pregarmos o evangelho a todos os povos e fazermos discípulos de todas as nações.* Em certo sentido, a resposta a essa pergunta é claramente sim — a vontade de Deus vai além de pessoas entregando-se a Cristo. Ao mesmo tempo, você já se perguntou por que Deus nos deu seu Espírito? Já vimos como Deus une a vida dos seguidores de Cristo com a própria vida de Jesus, colocando dentro deles o Espírito do próprio Jesus. Então, qual é o propósito da presença viva de Cristo dentro de nós?

O Novo Testamento responde esta pergunta de várias formas. O Espírito Santo habita os seguidores de Cristo para consolar e convencer, dar dons e guiar. O Espírito Santo é o Ajudador e o Consolador do cristão, abre nossa mente para compreendermos a Palavra de Deus e compele nosso coração a oferecer adoração a Deus.[3] Contudo, em meio a todas essas coisas, um propósito abrangente do Espírito parece especialmente evidente desde o momento em que ele preenche os seguidores de Cristo.

Quando Jesus prometeu enviar seu Espírito aos discípulos, disse: "Receberão poder quando o Espírito Santo descer sobre vocês, e serão minhas testemunhas em Jerusalém, em toda a Judeia e Samaria, e até os confins da terra" (Atos 1:8). Jesus já havia lhes dito para "fazer discípulos" e pregar "arrependimento e perdão de pecados [...] em seu nome para todas as nações", pois eram "testemunhas destas coisas" (Mateus 28:19; Lucas 24:47, 48). Sua vontade para a vida dos discípulos era que testemunhassem, e ele enviaria seu Espírito para capacitá-los a seguir e realizar essa vontade.

Então, o que significa testemunhar? De forma bem simples, significa falar — atestar sobre quem é Jesus, o que ele fez e como ele salva. Essa comunicação verbal faz todo sentido à luz de como vemos o Espírito Santo trabalhar na Bíblia até este ponto. Uma rápida leitura dos episódios do Antigo Testamento em que o Espírito de Deus enche várias pessoas revela um propósito específico relacionado à vinda do Espírito. Veja estes seis exemplos e verifique se você pode identificá-lo:

> O SENHOR desceu na nuvem e falou [com Moisés], e tirou do Espírito que estava sobre ele e o pôs sobre as setenta autoridades. Quando o Espírito veio sobre eles, profetizaram, mas depois nunca mais tornaram a fazê-lo. (Números 11:25)

> Então [Balaão] viu Israel acampado, tribo por tribo; e o Espírito de Deus veio sobre ele, e ele pronunciou este oráculo... (Números 24:2-3)

> O Espírito do SENHOR falou por meu intermédio; sua palavra esteve em minha língua. (2Samuel 23:2)

> Então o Espírito de Deus apoderou-se de Zacarias, filho do sacerdote Joiada. Ele se colocou diante do povo e disse: "Isto é o que Deus diz [...]" (2Crônicas 24:20)

> E durante muitos anos foste paciente com eles. Mediante o teu Espírito os advertiste por meio de teus profetas. Contudo, não te deram atenção. (Neemias 9:30)

> Então o Espírito do SENHOR veio sobre mim, e mandou-me dizer: "Assim diz o SENHOR[...]" (Ezequiel 11:5)

Em cada um dos exemplos anteriores, o Espírito de Deus é associado com a palavra falada. Todos aqueles sobre os quais desceu o Espírito de Deus falaram ou profetizaram a Palavra de Deus.

Quando chegamos ao Novo Testamento, vemos oito situações diferentes nas quais Lucas descreve pessoas sendo especificamente cheias com o Espírito. Analise estas situações e veja se reconhece um propósito comum a todas elas:

[João Batista] será grande aos olhos do Senhor. Ele nunca tomará vinho nem bebida fermentada, e será cheio do Espírito Santo desde antes do seu nascimento. Fará retornar muitos dentre o povo de Israel ao Senhor, o seu Deus. (Lucas 1:15,16)

Isabel ficou cheia do Espírito Santo. Em alta voz exclamou [...] (Lucas 1:41-42)

Zacarias foi cheio do Espírito Santo e profetizou [...] (Lucas 1:67)

Todos ficaram cheios do Espírito Santo e começaram a falar noutras línguas, conforme o Espírito os capacitava. (Atos 2:4)

Pedro, cheio do Espírito Santo, disse-lhes: "Autoridades e líderes do povo! [...]". (Atos 4:8)

Depois de orarem, tremeu o lugar em que estavam reunidos; todos ficaram cheios do Espírito Santo e anunciavam corajosamente a palavra de Deus. (Atos 4:31)

Ananias foi, entrou na casa, impôs as mãos sobre Saulo e disse: "Irmão Saulo, o Senhor Jesus, que lhe apareceu no caminho por onde você vinha, enviou-me para que você volte a ver e seja cheio do Espírito Santo." Imediatamente, algo como escamas caiu dos olhos de Saulo e ele passou a ver novamente. Levantando-se, foi batizado e, depois de comer, recuperou as forças. Saulo passou vários dias com os discípulos em Damasco. Logo começou a pregar nas sinagogas que Jesus é o Filho de Deus. (Atos 9:17-20)

Saulo, também chamado Paulo, cheio do Espírito Santo, olhou firmemente para Elimas e disse: "Filho do diabo e inimigo de tudo o que é justo! Você está cheio de toda espécie de engano e maldade. Quando é que vai parar de perverter os retos caminhos do Senhor?" (Atos 13:9, 10)

Em todas essas oito situações em que pessoas foram cheias com o Espírito Santo, o resultado foi que elas começaram a falar.[4]

Quando a Bíblia repete tantas vezes algo como fez em relação a esse assunto, tanto no Antigo quanto no Novo Testamento, é sábio quem presta atenção. O enchimento do povo de Deus com o Espírito Santo está claramente atrelado a um propósito específico — a proclamação verbal da Palavra de Deus e a realização completa da sua vontade.

É exatamente isso o que vemos Jesus realizando por intermédio de sua igreja no Novo Testamento. Apesar de Jesus ascender ao céu no primeiro capítulo de Atos, ele continua a trabalhar. Ele derrama seu Espírito com poder sobre seu povo. Ele acrescenta à Igreja diariamente aqueles que iam sendo salvos. Jesus aparece a Paulo para salvá-lo e chamá-lo a espalhar o evangelho às nações. Ele aparece a Pedro para levá-lo a aceitar os gentios na Igreja. Ao ser adorado em Atos 13, Jesus separa Paulo e Barnabé por meio de seu Espírito para espalhar o evangelho a novas regiões. Jesus guia seu povo a cidades diferentes em épocas diferentes. À medida que o evangelho é pregado, Jesus abre os corações para que creiam. Ele faz tudo isso através de seu Espírito em seus discípulos.[5]

O propósito do Espírito em nossa vida

E Jesus está fazendo o mesmo hoje. Assim como encheu seus discípulos com seu poder e presença para realizarem seu propósito no primeiro século, encheu cada um de seus discípulos hoje em dia com seu poder e sua presença para realizarem seu propósito no século XXI. Contudo, somos propensos a ignorar isso, até mesmo na maneira como falamos sobre o Espírito Santo.

Frequentemente ouço cristãos dizendo: "Bem, compartilho o evangelho quando o Espírito Santo me direciona a fazer isso." A exemplo do que ocorre com outras declarações, há alguma verdade aqui. Queremos ser guiados pelo Espírito Santo em tudo que fazemos. Ao mesmo tempo, precisamos nos lembrar de que o Espírito vive em nós para o propósito explícito de espalhar o evangelho por nosso intermédio.

Se você tem o Espírito Santo dentro de você, pode se considerar oficialmente guiado a compartilhar o evangelho! Você não precisa esperar sentir um arrepio que desce pela espinha ou receber uma mensagem especial do céu para ser levado a falar de Cristo às pessoas. Você simplesmente abre a boca e fala sobre a vida, a morte e a ressurreição de Jesus, e estará realizando o propósito de sua presença em você. Em outras palavras, quando fala a outras pessoas sobre a maravilha do evangelho, você está realizando a vontade de Deus.

Também ouço cristãos professos dizendo: "Bem, não testemunho com minhas palavras; testemunho com minha vida." Novamente, há alguma verdade aqui — queremos que o caráter de Cristo esteja evidente em nossas ações. Ao mesmo tempo, quando Jesus disse a seus discípulos que receberiam seu Espírito para serem testemunhas no mundo, ele não os estava chamando para serem apenas legais com as pessoas ao redor. Seja em um tribunal seja em qualquer outra circunstância, a função básica de uma testemunha é falar. Como já vimos, dez dos onze apóstolos que ouviram as palavras de Jesus em Atos 1 não foram martirizados porque andaram sobre a terra fazendo boas ações; eles foram assassinados porque testemunharam a Palavra de Deus.

Hoje em dia, temos irmãos e irmãs em todo o mundo que são aprisionados, espancados, perseguidos e assassinados não porque sorriem enquanto servem as pessoas. Mártires desde o primeiro século até os dias de hoje morrem porque pregam o evangelho. Não parece ignorância e até mesmo arrogância dizer, especialmente em áreas em que somos livres para proclamar o evangelho, que iremos "apenas testemunhar com nossa vida"?

Deus nos deu um evangelho em que crer, um Espírito para nos capacitar e uma língua para falar, tudo isso com um propósito grandioso, glorioso, global, que exalta a Deus e transcende toda a história. Desde o início dos tempos até hoje, Deus tem trabalhado aproximando as pessoas dele mesmo, e ele nos usa para realizar sua vontade.

A expectativa diária do discípulo

Você crê nisso? Você acredita que Deus está trabalhando no mundo ao seu redor e que ele quer usá-lo de acordo com sua vontade para cumprir sua obra?

Há muitos anos passei algumas semanas em uma cidade na Índia. Os parceiros com os quais estávamos trabalhando naquela cidade relativamente não evangelizada nos pediram para ir todas as noites a um parque popular cheio de gente. "Acreditamos que Deus está trabalhando no coração das pessoas na cidade", disseram-nos. "E ele quer que conheçam seu amor. Deus revelou Jesus a algumas destas pessoas em sonhos e visões. Outros ouviram um pouco sobre ele e têm desejo de saber mais." Em seguida disseram: "Seu trabalho é ir até lá e encontrar pessoas cujo coração Deus preparou, e compartilhar o evangelho." Assim, oraram para que Deus direcionasse nossos passos a pessoas que estivessem abertas para ouvir sobre Jesus e, então, nos enviaram.

Todas as noites eu me dirigia ao parque da cidade cheio de confiança. Minha confiança não se baseava em minha personalidade ou habilidade para compartilhar o evangelho. Em vez disto, estava fundamentada na realidade de que Deus já estava trabalhando na vida das pessoas por toda parte naquele parque. Deus desejava a salvação delas e as estava atraindo para si. Porém, isso não significava que todas as pessoas com as quais falávamos respondiam positivamente ao evangelho. Mas muitas sim. Tivemos muitas conversas proveitosas sobre Cristo, e algumas das pessoas que conhecemos acabaram se tornando seguidoras dele. Ao longo do caminho, eu e a equipe com a qual tive o prazer de servir tivemos o privilégio de fazer parte da obra sobrenatural de Deus na vida das pessoas.

Seria a vontade de Deus que vivamos todos os dias dessa maneira? Talvez ele esteja fazendo coisas sobre as quais não temos a mínima ideia nos bastidores da vida das pessoas com as quais trabalhamos, vivemos e encontramos todos os dias. Talvez Deus tenha colocado essas pessoas em nosso caminho para que possam ouvir de nós o evangelho. E pode ser que quando falarmos desse evangelho ele lhes abra os olhos para sua glória. Certamente essa parece ter sido a expectativa diária dos discípulos dois mil anos atrás.

Portanto imagine-se sentado em um café. E se Deus tiver preparado a mulher na mesa ao seu lado para ouvir o evangelho? E se ele soberanamente tiver organizado as circunstâncias na vida dela para preparar o terreno para essa conversa que você terá com ela sobre Jesus? E se Deus desejar usá-lo, ao falar do evangelho a ela hoje, para mudar sua vida para sempre?

Você pode pensar: *Mas não é tão fácil assim começar uma conversa sobre Jesus com a pessoa sentada à mesa ao lado em um café.* Todos temos temores que rapidamente vêm à tona — o receio de ofender alguém, de dizer a coisa errada, de ser rejeitado ou mesmo o medo de começar uma conversa delicada. Contudo, esses medos são apenas um sinal de que estamos nos esquecendo de quem somos. Somos seguidores de Cristo que foram crucificados com ele — não vivemos mais, mas Cristo vive em nós. Ele uniu sua vida à nossa e colocou seu Espírito em nós para esse propósito. Sem ele, temos razões para temer; com ele, temos razões para crer.

Deixados à própria sorte, estamos destinados ao fracasso. Pense na natureza escandalosa do evangelho que compartilhamos. Dizemos às pessoas que elas são más no mais íntimo de seu ser, condenadas por seu pecado e destinadas ao inferno. Contudo, há dois mil anos, o filho de um carpinteiro judeu, que afirmava ser o Filho de Deus, foi pregado nu em uma cruz, e a eternidade de toda a humanidade agora depende de negar a si mesmo e o declarar Senhor, Salvador e Rei. À primeira vista, a mensagem certamente parece difícil de ser vendida, não? Como alguém irá acreditar nela?

As pessoas crerão no evangelho pela mesma razão que você teve para crer — porque o Espírito de Deus abre seus olhos para ver a glória de Deus e receber sua graça. Pelos últimos dois mil anos, a vontade de Deus foi atrair pessoas para si por meio da proclamação de sua Palavra pelo poder de seu Espírito, e ele chama a cada um de nós, hoje, para fazer exatamente o mesmo. E quando somos fiéis e obedecemos a sua vontade, ele se mostra fiel para cumprir sua Palavra.

A vida transformada

À medida que Jesus transforma nossos pensamentos e desejos, ele ajusta nossos caminhos à sua vontade. Penso em Luke, membro da igreja que tenho o prazer de pastorear. Vi Deus colocar os pensamentos, os desejos e a vontade de Luke de cabeça para baixo e do avesso.

Quando ele estava na faculdade, tinha um estilo de vida tipicamente universitário. Apesar de ter ouvido falar sobre o amor de Deus, tentava abafar o máximo que podia a voz do Senhor com álcool. Pela graça divina, não demorou muito até Luke chegar a seu limite, ao perceber o vazio dos prazeres do mundo que estava buscando. Ele disse: "Certa noite clamei a Deus que me transformasse por meio de Cristo." Naquela noite, Jesus o salvou de seu pecado. Luke morreu para si e passou a viver em Cristo. Pouco tempo depois foi batizado.

Logo após a faculdade, tornou-se um homem de negócios bem-sucedido, com recursos significativos. Ao mesmo tempo, sua compreensão do que significava ser discípulo de Jesus estava se ampliando. Depois de um sermão sobre a vontade de Deus de ser adorado no mundo todo, Luke me escreveu e disse: "David, percebo que a razão principal de Deus ter abençoado o negócio que administro é para que eu possa cumprir seu propósito no mundo. Ele me abençoou não para eu dirigir uma BMW, morar em uma casa grande ou ter prestígio. Ele me abençoou para glorificá-lo."

Quando começou a entender a vontade de Deus para o mundo, Luke intencionalmente passou a meditar na palavra de Deus e a memorizá-la. Ele me disse: "Eu nem tinha o costume de levar minha Bíblia à igreja, mas agora a Palavra de Deus está transformando minha vida. Minha Bíblia não fica mais muito tempo no mesmo lugar — ela me acompanha até o trabalho e aonde quer que eu vá. Eu só quero conhecer e seguir Jesus." Não demorou muito para ele memorizar o Sermão da Montanha (Mateus 5–7). Ele me disse: "Meu desejo insaciável de livros, seminários e palestrantes motivacionais do mundo dos negócios desapareceu. Deus substituiu aquele desejo pela fome de sua Palavra. Agora estou lendo o Antigo Testamento inteiro. A Bíblia vai se tornando viva, à medida que começo a ver a beleza da interação entre o Antigo e o Novo Testamento. Ao ler a Bíblia com afinco, sou encorajado no Senhor e ele tem mudado meus desejos diariamente." Luke não se contentava mais em apenas mergulhar na Palavra de Deus e guardá-la para si, e começou então a ensiná-la na igreja.

Assim como seu desejo pela Palavra de Deus começou a crescer, sua paixão por Cristo na oração também aumentava. Ele me escreveu contando sobre uma sessão de oração que teve com um amigo chamado Stephen, dizendo: "Stephen e eu oramos juntos pela primeira vez hoje de manhã. Uau! Achei que iríamos apenas nos encontrar e orar por uma lista de pedidos de nosso pequeno grupo. Mas nem sequer chegamos à lista, pois ficamos muito ocupados nos derramando diante do Senhor. A presença do Espírito Santo era tão forte que quase chegou a ser esmagadora. Levantamos a cabeça depois de uma hora e meia de oração, com lágrimas nos olhos, e dissemos: 'Nossa, o que foi isso?'"

Depois de outra sessão de oração similar, Luke escreveu a Stephen dizendo: "Stephen, depois de nosso encontro de oração, esta passagem bíblica me veio à mente: 'Provem, e vejam como o Senhor é bom. Como é feliz o homem que nele se refugia!' (Salmos 34:8). Esta manhã, experimentamos e vimos que o Senhor é bom." Em outro dia, Luke me disse: "Tivemos um momento de oração maravilhoso hoje de manhã, que durou aproximadamente duas horas. É maravilhoso como Deus é bom e como anseia que intercedamos e conversemos com ele. Deus está fazendo nascer em mim um desejo de não apenas orar em comunhão com outros, mas também de orar sem parar, e por todas as coisas."

Orar continuamente o levou, então, a uma vida de jejum frequente. Ele se viu desejando a Deus de um jeito que jamais tinha experimentado antes, e abster-se de comida em algumas refeições servia como expressão externa de um anseio interno. Luke viu-se alimentando-se da Palavra de Deus.

Enquanto isso, seus negócios continuaram a crescer, e ele foi convidado a fazer um discurso na reunião anual mundial de sua empresa. Apesar de ter ficado nervoso, sabia que Deus lhe dera aquela oportunidade de falar sobre Cristo, então incorporou o evangelho em vários trechos de seu discurso. Quando terminou, sentou-se e um gerente do outro lado da mesa disse: "Luke, não tenho a mínima ideia do que você está falando, mas quero saber mais." Em resposta, ele explicou detalhadamente o evangelho àquele gerente e a todos que ouviam ao redor de sua mesa. Quando terminou, perguntou ao gerente: "Você gostaria de abandonar seu pecado e a si mesmo e confiar em Jesus como Salvador e Senhor?" Para sua surpresa, no meio das outras dez pessoas que estavam observando, o gerente disse "sim" e naquela noite tornou-se seguidor de Jesus.

Nos últimos anos, pela graça de Deus, Luke já compartilhou o evangelho por iniciativa própria com seus colegas de trabalho, e alguns deles vieram a conhecer Cristo. Também viajou para outros países, nos quais Deus abriu seus olhos à necessidade espiritual e física urgente ao redor do mundo. Depois que sentiu diretamente o coração de Deus pelas nações, sua vida, sua família e seus negócios mudaram. Luke e sua esposa adotaram uma criança, e ele investe os lucros de sua empresa no ministério, servindo a homens e mulheres física e espiritualmente famintos. Ele quer usar sua vida fazendo discípulos de todas as nações.

A diferença entre o dia em que Luke se ajoelhou diante de Deus, tornando-se um cristão, e hoje, é simplesmente radical. No processo de transformação dos pensamentos e desejos dele, Jesus moldou seus caminhos de acordo com a vontade de Deus. Ele tem desfrutado a Palavra e andado pela vontade de Deus. A alegria em seus olhos e a paixão em seu coração são inegáveis. Falando de forma simples, Luke ama seguir Jesus e pescar homens.

Uma nova maneira de viver

Não estou dizendo que a vida de todo discípulo deveria ser exatamente igual à de Luke. Longe disso. Em sua criatividade divina, Cristo nos forma de maneiras variadas para servir em lugares e posições diferentes, por caminhos diversos.

A constante, porém, é clara. Ao nos entregarmos a Jesus, ele nos transforma. Ao morrermos para nós mesmos, vivemos para ele. Ele nos dá um novo coração — limpo do pecado e cheio de seu Espírito. Ele nos dá uma nova mente — uma forma de pensar totalmente nova. Ele nos dá desejos novos — anseios completamente novos. Ele também nos dá nova motivação — uma maneira de viver inteiramente nova.

A vontade de Deus para todo discípulo de Jesus é que ele faça outros discípulos. Nenhum de nós precisa esperar uma voz calma e baixa, coincidências aleatórias ou sinais sobrenaturais do céu para perceber o que Deus quer que façamos com nossas vidas. Na verdade, não precisamos esperar absolutamente nada. Exatamente como os cristãos naquele país muçulmano onde Matthew estava servindo, assim que seguimos Jesus Cristo começamos a pescar homens. E, ao fazê-lo, descobrimos a alegria peculiar que é encontrada não ao buscar a vontade de Deus, mas ao experimentá-la. Ainda melhor — descobrimos que pertencemos a uma comunidade de irmãs e irmãos que estão comprometidos com a realização do mesmo propósito.

Capítulo 7
O Corpo de Cristo

A sala estava abarrotada de gente, e o pastor tinha a plateia na palma de sua mão. Ele disse: "Gostaria que todos abaixassem a cabeça e fechassem os olhos", e todos atendemos prontamente sua solicitação.

Em seguida, declarou: "Esta noite, quero convidá-lo a colocar sua fé em Deus. Eu o encorajo a começar um relacionamento pessoal com Jesus pela primeira vez em sua vida. Vou ser claro.", disse ele, "Não estou convidando você para entrar para a igreja. Estou apenas convidando-o a vir a Cristo". Enquanto o pastor suplicava apaixonadamente por decisões pessoais, inúmeras pessoas se levantavam de seus lugares e caminhavam pelo corredor do auditório até a frente para se comprometer com Cristo.

Contudo, havia um problema nisso tudo. Aquelas pessoas foram enganadas. Foi-lhes dito que é possível se comprometer com Cristo sem se comprometer com a Igreja. A realidade, entretanto, é que é biblicamente impossível seguir Jesus Cristo sem se unir à sua Igreja. Na verdade, qualquer um que afirme ser cristão, mas não é membro ativo de uma igreja, pode não ser um seguidor de Cristo sob nenhum aspecto.

Para alguns, talvez muitos, isso pode soar como uma heresia. Alguém pode perguntar: "Você está dizendo que entrar para uma igreja torna alguém cristão?" De jeito nenhum. Entrar para uma igreja certamente não torna alguém cristão. Ao mesmo tempo, identificar sua vida com a pessoa de Cristo é uni-la ao seu povo. Render sua vida aos mandamentos dele é comprometê-la com a Igreja dele também. É bíblica, espiritual e praticamente impossível ser discípulo (e muito menos *fazer* discípulos) de Cristo sem total devoção a uma família de cristãos.

Mas muitas pessoas pensam que isso é possível — e tentam viver como se fosse. Até tornou-se marca de maturidade espiritual para alguns cristãos professos hoje em dia *não* ser ativo em uma igreja. Essas pessoas dizem: "Amo Jesus, mas simplesmente não suporto a Igreja."

Sério?

A Igreja não é a noiva de Cristo? E se eu lhe disser: "Meu amigo, eu o amo, mas já disse que não suporto sua esposa?" Você entenderia isso como um elogio?

Igualmente, a Igreja não é o corpo de Cristo? E se minha esposa me dissesse: "David, eu o amo, mas não suporto seu corpo"? Posso assegurar que eu não encararia isso como elogio.

É impossível seguir Jesus plenamente sem amar sua noiva abnegadamente, e é impossível pensar que podemos desfrutar de Cristo separado de seu Corpo. Jesus chegou a identificar a Igreja consigo mesmo quando perguntou a Saulo na estrada de Damasco: "Saulo, Saulo, por que você me persegue?" (Atos 9:4). Saulo não havia perseguido Cristo diretamente, mas tinha perseguido cristãos, portanto, Jesus estava dizendo essencialmente isto: "Quando você mexe com eles, mexe comigo."

Entregar-se a Cristo é tornar-se parte de sua Igreja. Os seguidores de Jesus têm o privilégio de serem identificados com sua família. Ao morrermos para nós mesmos, vivemos para os outros, e tudo que Cristo faz em nós começa a afetar todos aqueles que ele coloca ao nosso redor. Perceber essa realidade e experimentar os relacionamentos que Deus planejou para seu povo, especificamente, na Igreja é essencial para ser discípulo e fazer discípulos de todas as nações.

O que é a Igreja?

Infelizmente, como já diluímos o significado de ser cristão em nossos dias, também distorcemos o que significa a Igreja. A maioria das pessoas nos Estados Unidos associa a Igreja ao prédio físico.

"Onde é sua igreja?", as pessoas perguntam, ou: "Que igreja você frequenta?" Hoje em dia é comum pastores gastarem milhões de dólares renovando e reformando sua "igreja". Equipes cristãs de construção viajam a países pobres para construir "igrejas". Fundar uma "igreja" em nossos dias tornou-se quase sinônimo de encontrar ou construir um prédio.

Não apenas relacionamos igrejas a prédios; também classificamos igrejas de acordo com os programas que oferecem. *Esta igreja tem um programa infantil criativo, aquela igreja tem um ministério legal para estudantes, essas igrejas têm ótimos recursos para casais e aquelas igrejas têm reuniões em grupo muito úteis para divorciados.* As pessoas frequentemente giram em torno de programas para todas as faixas etárias e estágios de vida.

A associação e a identificação da Igreja com prédios e programas refletem uma abordagem abertamente orientada para o consumidor e projetada para o cliente, concebida para atrair pessoas à "igreja". A fim de ter uma "igreja" eficaz e bem-sucedida, precisamos ter um prédio acessível, com piso bonito e estacionamento conveniente. Quando as pessoas chegam ao prédio, precisamos de programas personalizados para seus filhos, música atraente ao seu gosto e sermões destinados às suas necessidades. Levada ao extremo, essa situação mostra que quando vêm à "igreja", as pessoas precisam de um bom estacionamento; café esperando por elas à entrada; ministério infantil temático com escorregador feito sob medida; programa de entretenimento moderno para adolescentes; banda de primeira linha que toque música de qualidade e uma apresentação motivacional feita por um ótimo pastor que termine a sessão pontualmente ao fim da manhã.

Mas será que Jesus tinha isso tudo em mente quando estabeleceu sua Igreja? Ou melhor, *alguma* dessas coisas estava na mente de Deus quando ele edificou sua Igreja? Relacionar igrejas a prédios pode parecer comum a nós, mas é estranho ao Novo Testamento, onde em nenhuma parte vemos a Igreja descrita como um prédio físico. Igualmente, o Novo Testamento sequer uma vez retrata a Igreja como um conglomerado de programas personalizados. Muito do que associamos à Igreja hoje em dia é, na melhor das hipóteses, extrabíblico (pois *acrescenta* algo ao que a Palavra de Deus diz), e, na pior delas, antibíblico (pois *reduz* o que as Escrituras dizem).

Ao folhear o Novo Testamento, vemos um retrato muito diferente da Igreja. Em vez de um prédio, vemos um corpo formado por membros e uma família composta por irmãs e irmãos que, juntos, morreram para si mesmos e agora vivem em Cristo. Os cristãos são unidos pela morte de Jesus, por seu Espírito, pelo evangelho, por seu sofrimento e por sua vida.[1] Biblicamente, a Igreja não consiste em pessoas que simplesmente estacionam seu carro e participam de programas sentadas uma do lado das outras. Em vez disso, ela é composta de pessoas que compartilham a vida de Cristo umas com as outras dia após dia, semana após semana.

Esse é o padrão estabelecido entre Jesus e seus discípulos desde o início. Jesus amava aqueles doze homens, servia-os, ensinava-os, encorajava-os, corrigia-os e cumpriu sua jornada de vida com eles. Ele passou mais tempo com aqueles doze discípulos do que com qualquer outra pessoa em seu ministério todo. Eles andavam juntos por estradas solitárias; visitavam juntos cidades lotadas de gente; velejavam e pescavam juntos no mar da Galileia; oravam juntos no deserto e nas montanhas e adoravam juntos nas sinagogas e no templo. Durante todo esse tempo juntos, Jesus os ensinou como viver e demonstrou como amar, compartilhando a própria vida com eles.

Da mesma maneira, o Novo Testamento retrata os seguidores de Jesus vivendo lado a lado uns com os outros. A Bíblia retrata a Igreja como uma comunidade de cristãos que se importam uns com os outros, amam uns aos outros, acolhem uns aos outros, recebem uns aos outros, honram uns aos outros, servem uns aos outros, instruem uns aos outros, perdoam uns aos outros, motivam uns aos outros, levantam uns aos outros, encorajam uns aos outros, confortam uns aos outros, oram uns pelos outros, confessam uns aos outros, estimam uns aos outros, edificam uns aos outros, ensinam uns aos outros, demonstram carinho uns pelos outros, doam-se uns aos outros, alegram-se uns com os outros, choram uns pelos outros, sofrem uns pelos outros e restauram uns aos outros.[2]

Todos esses "uns com os outros", "uns aos outros" e "uns pelos outros" juntos compõem um retrato não de pessoas que frequentam um prédio cheio de programas personalizados, mas de pessoas que decidiram deixar suas vidas de lado para amarem umas às outras. Em favor de Silas, Timóteo e de si próprio, Paulo escreveu à Igreja em Tessalônica: "[...] agora vivemos, visto que vocês estão firmes no Senhor" (1Tessalonicenses 3:8). Paulo, Silas e Timóteo entregaram suas vidas para ver aqueles cristãos firmes em Cristo. Igualmente, Paulo chamou os cristãos filipenses de "meus irmãos, a quem amo e de quem tenho saudade, vocês que são a minha alegria e a minha coroa" (Filipenses 4:1). A Igreja é uma comunidade de cristãos que amam uns aos outros e têm saudade uns dos outros para conhecerem e crescerem em Cristo.

Um tipo diferente de comunidade

Assim, essa figura leva a Igreja a ter uma abordagem de comunidade muito diferente do resto do mundo. É interessante que, nos Evangelhos, Jesus só fala com seus discípulos especificamente sobre a Igreja em duas ocasiões. A primeira delas é descrita em Mateus 16, quando Pedro confessa Cristo como Senhor e Jesus responde que a Igreja seria edificada sobre aquela confissão. Em seguida, dois capítulos adiante, as únicas outras instruções de Jesus sobre a Igreja dizem respeito à sua disciplina. De acordo com Jesus, quando um irmão ou irmã estiver andando em pecado, for surpreendido em pecado ou recusar-se a arrepender-se, a Igreja deve confrontá-lo e trazê-lo de volta para Cristo. Em Mateus 18, Jesus apresenta o esboço desse processo de restauração que, em último caso, leva à exclusão da igreja de pecadores que não se arrependem, se necessário (processo que vemos adotado em ocasiões como a descrita em 1Coríntios 5).

O ensinamento de Jesus sobre a disciplina eclesiástica deveria saltar das páginas da Bíblia diante de nossos olhos. Esse ensinamento não ocupa a posição de número 100 de uma lista de 101 instruções de Jesus. Disciplina e restauração estão no *topo* da lista, logo depois da importância de confessarmos Jesus como Senhor. A disciplina na Igreja não é suplementar para os cristãos; é fundamental. Ela não é opcional; é essencial.

Contudo, tratamos o assunto como se fosse opcional. A imagem de fiscais santos policiando cristãos, à procura daqueles que saem da linha, nos convence de que essa não é uma boa ideia. Portanto, facilmente criamos todo tipo de desculpas para ignorar a disciplina na Igreja.

Dizemos: "É legalismo. Contradiz a graça de Deus. Você não conhece Mateus 7:1, onde Jesus diz: 'Não julguem, para que vocês não sejam julgados'? Quem você pensa que é para apontar o pecado na vida de alguém quando sua vida está longe de ser perfeita? E as pessoas não irão abandonar a igreja se começarmos a disciplinar os discípulos de Jesus?

Provavelmente não está no topo dos planos de crescimento da igreja começar a anunciar: 'Somos uma igreja que disciplina pecadores.'"

Eu estava almoçando com um colega pastor recentemente e conversávamos sobre um processo de disciplina e restauração que estamos tentando implementar na igreja que pastoreio. Ele me disse: "Gostaria de ter notícias sobre o funcionamento desse processo. Ligue para mim daqui a algumas semanas se ainda estiver na igreja."

Bem, pela graça de Deus, ainda estou aqui, e apesar de a igreja que pastoreio ter uma longa jornada pela frente até a implementação completa desse processo, estou mais seguramente convencido de que disciplina e restauração são essenciais para todo discípulo de Cristo e toda igreja que se preze. Certamente, se forem aplicadas erroneamente, podem se tornar legalismo. Mas se exercidas biblicamente, disciplina e restauração na Igreja são as mais claras expressões do amor de Deus na terra.

Vivemos uma época em que é fácil, popular e até preferível às pessoas se sentarem e dizer: "Bem, o que as outras pessoas fazem é entre elas e Deus. O pecado que cometem é problema, escolha e responsabilidade delas." Mas você não fica feliz por Deus não nos tratar assim? Não fica satisfeito por Deus nos buscar apesar de nosso pecado e nos arrancar daquilo que nos destrói? E não queremos em nossa vida pessoas que nos amam o suficiente para cuidar de nós quando começamos a trilhar um caminho de destruição pecaminosa?

Dietrich Bonhoeffer disse certa vez: "Nada pode ser mais cruel do que a ternura que relega alguém ao seu pecado. Nada pode ser mais compassivo do que a repreensão severa que compele um irmão a deixar o caminho do pecado."[3] Em seu livro *The Cost of Discipleship* [O custo do discipulado], Bonhoeffer aborda a crença fácil que corria solta na Igreja de seus dias e chama os cristãos de volta ao verdadeiro significado de seguir a Cristo. Ele escreve sobre a preciosidade do amor, da graça e do perdão de Deus em favor dos pecadores e descreve como essas realidades não podem ser barateadas por abordagens casuais do pecado na Igreja. Ele diz:

> Se a Igreja se recusa a encarar a realidade horrenda do pecado, não terá crédito quando falar sobre perdão. Uma igreja assim peca contra sua confiança sagrada e caminha de maneira indigna ao evangelho. É uma igreja profana,

> desperdiçando o precioso tesouro do perdão do Senhor. Também não é suficiente apenas lamentar em termos gerais que a natureza pecaminosa do homem contamina até mesmo suas boas obras. É necessário apontar pecados concretos, puni-los e condená-los. [...] É fundamental que a igreja exercite [disciplina] em prol da santidade, para o bem do pecador e para o bem da própria Igreja. Se a Igreja deve andar na dignidade do evangelho, parte de sua tarefa é manter a disciplina eclesiástica. Santificação significa tirar o mundo da Igreja bem como separar a Igreja do mundo.
>
> Mas o propósito dessa disciplina não é estabelecer a comunidade dos perfeitos, mas aquela composta de homens [e mulheres] que realmente vivem sob a misericórdia perdoadora de Deus. A disciplina na congregação é serva da preciosa graça de Deus.[4]

Deus é um pai gracioso que busca seus filhos errantes e nós refletimos sua graça quando nos importamos com irmãos e irmãs surpreendidos em pecado.

As pessoas podem citar Mateus 7:1, mas é preciso continuar lendo o texto até Mateus 7:5. Depois de advertir seus discípulos a não julgar o "cisco" de pecado no olho de alguém quando aquele mesmo pecado é uma "viga" nos próprios olhos, Jesus lhes diz: "Tire primeiro a viga do seu olho, e então você verá claramente para tirar o cisco do olho do seu irmão." É claro que só Deus tem autoridade máxima para julgar. Contudo, em Mateus 7:5, Jesus diz a seus discípulos que retirem o pecado das próprias vidas e então ajudem os outros a fazerem o mesmo. A última coisa que devemos fazer quando um irmão está continuamente vivendo em pecado é dizer: "Bem, não estou em posição de julgar ninguém."

Sei que tenho pontos fracos em minha vida, e sei que tenho propensão para pecar, portanto disse às pessoas mais próximas: "Se vocês me virem andando na direção do pecado, preso no pecado ou sendo atraído para o pecado, por favor não usem o jargão superespiritual como desculpa para não me ajudar. Puxem-me de volta!"

Em 1Coríntios 5, aprendemos sobre um homem na Igreja que estava envolvido com imoralidade sexual grave (estava dormindo com a própria madrasta) e não se arrependia. Paulo disse à Igreja em Corinto que precisavam confrontá-lo quanto a seu pecado, e que, se o homem não se arrependesse, teria de ser excluído da Igreja. Nessa passagem é particularmente interessante a maneira como Deus considera os membros da Igreja responsáveis pelo pecado daquele homem. Certamente os membros da Igreja não eram responsáveis por cometer a imoralidade sexual, mas *eram* responsáveis por não tratar aquele problema que ocorria no meio deles.

Isso claramente vai contra a maneira que pensamos. Adotamos uma abordagem muito mais individualista do pecado. "Esse pecado é problema daquele irmão", dizemos a nós mesmos e uns aos outros. Mas isso é exatamente o que a igreja de Corinto estava dizendo e Paulo os repreendeu. O pecado daquele homem era problema da Igreja.

Essa realidade é fundamental para se entender a beleza de uma comunidade bíblica e centrada em Cristo. Na Igreja, pertencemos uns aos outros e cuidamos uns dos outros de tal forma que somos responsáveis uns pelos outros. Ser membro de uma igreja significa muito mais que se sentar ao lado de alguém e cantar algumas músicas uma vez por semana. Ser membro de uma igreja significa perceber que somos responsáveis por ajudar irmãs e irmãos ao nosso redor a crescerem como discípulos de Jesus. Da mesma maneira, eles são responsáveis por nos ajudar. Precisamos uns dos outros desesperadamente na luta diária que travamos ao seguir a Jesus neste mundo cheio de pecado.

Mas será que algumas pessoas não vão deixar a Igreja (ou evitá-la completamente) se começarmos a praticar a disciplina da maneira como Jesus fala? Possivelmente; mas precisamos nos lembrar de que a Igreja é o corpo de *Cristo* em crescimento, não o nosso. Consigo pensar em várias estratégias para atrair um número maior de pessoas para a Igreja que pastoreio. Suavizar a mensagem. Tocar música agradável. Distribuir dinheiro. Ministrar uma série de mensagens sobre sexo (parece ser a nova mania atualmente). Fazer algo inovador e cativante para atraí-los para dentro da igreja. Podemos gastar nosso tempo e os recursos da igreja tentando fazer o que achamos ser o melhor, ou podemos gastar nosso tempo e o recurso da igreja confiando que Deus sabe o que é o melhor.

Penso nas palavras de Jesus em Mateus 18 e me pergunto por que a instrução inicial referente à Igreja não foi relacionada à criação de um ambiente onde as pessoas se sintam acolhidas calorosamente e bem-vindas, mas, em vez disso, foi relacionada à criação de uma comunidade onde o pecado é confrontado de forma simples, aberta e severa.

Igualmente, pergunto-me por que, no início da Igreja em Jerusalém, Deus executou imediatamente um casal de membros da Igreja por seu pecado. Você já atentou para Atos 5? Nos primórdios da Igreja, quando ela se espalhava como um incêndio, e milhares de pessoas vinham a Cristo, aprendemos sobre Ananias e Safira, que foram aniquilados por sua desonestidade. Isso é que é disciplina! Deus tratou diretamente o pecado em sua Igreja e podemos apenas imaginar os efeitos. Você provavelmente não irá atrair muita gente nova (ou velha) para sua igreja se houver pessoas morrendo durante o ofertório.

"Como se faz uma igreja crescer?"

"Ah, Deus precisa matar algumas pessoas durante o ofertório. Funciona sempre."

Quando leio essa história, não consigo deixar de pensar: *O que Deus está fazendo? Está tentando impedir a Igreja de crescer?*

Mas então leio Atos 5:13-14 e fico espantado com o que o texto diz. Logo depois que Ananias e Safira morrem, Lucas nos diz: "Dos demais, ninguém ousava juntar-se a eles, embora o povo os tivesse em alto conceito. Em número cada vez maior, homens e mulheres criam no Senhor e lhes eram acrescentados." É assim que Deus faz a Igreja crescer: através da santidade dos cristãos. Deus faz sua Igreja crescer criando discípulos que levam a sério a missão de refletir a justiça de Deus e honrar a santidade dele.

Não devemos aderir a ideias ridículas de que precisamos facilitar as coisas para que as pessoas venham para a Igreja, esconder o compromisso de santidade dos membros ou calar as conversas sobre a seriedade do pecado na Igreja. Se o fizermos, possivelmente atrairemos uma multidão, mas ignoraremos o sentido fundamental da Igreja. Qualquer um pode atrair uma multidão, mas a Igreja é diferente.

Ao longo de toda a história, Deus tem o propósito de levantar um povo que, por sua graça, é tão santo, puro e abnegado em sua obediência a ele que tem pavor da ideia da desobediência. Um povo tão sério em relação ao pecado que os indivíduos ajudam uns aos outros o tempo todo a fim de evitá-lo, pois sabem quão perigoso e mortal ele é. Deus decidiu demonstrar seu caráter por meio de um povo distinto, que demonstra ao mundo em observação que ele é grande, santo, poderoso e puro.[5]

Alguns podem perguntar: "Bem, onde está a graça em toda essa conversa sobre disciplina?" A resposta é clara: a graça de Deus está no coração da disciplina na Igreja. Como discípulos de Jesus, morremos para a indiferença ao pecado em nossa vida e na vida das pessoas que amamos.

Sabemos que Cristo pagou o preço definitivo de nossos pecados e a última coisa que queremos fazer é tratar sua morte como se não fosse a coisa mais preciosa para nós. Quando toleramos o pecado em nossas vidas ou na Igreja, pisamos sobre o sacrifício de Cristo. Não apenas seguimos um Salvador que perdoa nosso pecado; seguimos um Salvador que nos purifica do pecado. E valorizamos sua morte o suficiente para tratar o pecado com seriedade em sua Igreja.

Por muito tempo negligenciamos os mandamentos de Cristo em nome do crescimento da Igreja. Ignoramos passagens como Mateus 18, Atos 5 e 1Coríntios 5, fingindo que nossas frases de efeito e nossos programas criativos são meios mais eficazes de atrair pessoas à Igreja. Como resultado, o crédito do crescimento do cristianismo contemporâneo frequentemente vai para o pastor mais pioneiro, com a igreja mais inovadora e que tenha o culto mais atraente. Já passou da hora de mudarmos isso, para que o crédito pelo crescimento da Igreja seja exclusivamente do grande e santo Deus do universo, que demonstra sua glória atraindo, de forma inexplicável, pecadores para si, através da pureza do povo comprado com seu sangue.

Namorando a igreja

A Igreja é uma comunidade de cristãos que se importam uns com os outros suficientemente para se disciplinarem quando em pecado e se restaurarem em Cristo. Mas, se formos honestos, hesitamos muito em compartilhar nossa vida dessa maneira. Como resultado, o cristão de hoje demora para assumir qualquer compromisso de se unir seriamente a uma igreja.

Até o primeiro ano do Ensino Médio eu não havia tido muito sucesso no campo dos relacionamentos. Verdade seja dita, eu não tinha tido absolutamente *nenhum* sucesso nessa área. Até que determinada garota foi a um acampamento que eu também frequentava. Correu um boato de que ela me achava bonito e pensei: *Hummm... há uma garota que me acha bonito. O que devo fazer?* Comecei conversando com ela e depois criei coragem para convidá-la para sair comigo e com alguns amigos. Pela graça de Deus ela disse sim.

Começamos a namorar, o que consistia em conversar ao telefone todos os dias e ficar juntos em diferentes ambientes. Tudo ia bem até uma noite em que decidi que não estava mais a fim de conversar ao telefone todo dia e, na verdade, não queria investir mais naquele relacionamento. Eu tinha muitas outras coisas acontecendo em minha vida, então disse àquela garota que Deus, minha família e minhas tarefas escolares eram mais importantes para mim do que ela. Sim, *tarefas escolares*. Desnecessário dizer que minha única experiência de namoro até então não durou muito.

Ou melhor, até aquela garota começar a namorar um de meus amigos próximos. Então pensei: *O que foi que eu fiz?* Felizmente, nos dias que se seguiram tive a oportunidade de me aproximar daquela garota novamente e conhecê-la a ponto de nos tornarmos melhores amigos e decidirmos nos casar. Desde a conversa naquela noite, muitos anos atrás, minha noiva tem sido muito paciente comigo.

Mas e a noiva de Cristo? Há uma tendência se desenvolvendo, conhecida como "namorar a Igreja". Há até um ótimo livro de Joshua Harris (que, a propósito, escreveu coisas excelentes sobre namoro na cultura norte-americana) intitulado *Stop Dating the Church* [Pare de namorar a igreja]! A frase "namorar a igreja" é uma referência a como desenvolvemos, em nosso mercado eclesiástico orientado pelo consumo, a prática de pular de uma igreja para outra, frequentar esta ou aquela igreja com base em como nos sentimos naquela determinada manhã de domingo, ou talvez apenas substituir outras atividades espirituais pela igreja em nossa vida. Afinal, somos cristãos. Somos parte da Igreja ao redor do mundo. Por que precisamos nos comprometer com uma igreja local?

Namoramos a igreja por uma variedade de motivos. Somos pessoas independentes, autoconfiantes e autossuficientes e a ideia de submissão mútua, prestação de contas e interdependência parece estranha, quando não completamente amedrontadora. Além disso, somos indecisos. Namoramos igrejas diferentes porque não conseguimos decidir de qual realmente gostamos. É a mentalidade do consumidor aplicada à compra de uma igreja: a procura do melhor produto com o melhor preço nas manhãs de domingo. Estamos sempre procurando uma oferta melhor, o que frequentemente leva a uma postura bastante crítica em relação à Igreja. Somos capazes de encontrar algo errado em cada igreja que visitamos, e mesmo quando escolhemos alguma, estamos constantemente conscientes do que não gostamos naquela igreja.

Em geral, frequentemente somos indiferentes. É tão importante assim unir-se a uma igreja local e comprometer-se com ela? Não é apenas uma formalidade e, nesse caso, formalidade desnecessária? Muitos cristãos professos simplesmente não sabem por que razão é errado namorar a igreja e por que é necessário comprometer-se com ela.

Parece que a própria Igreja contribuiu para formar essa mentalidade, apesar de não ter sido sempre assim. Houve períodos na história da Igreja em que ser membro de uma comunidade local era extremamente importante para os cristãos. Entretanto, atualmente, um grande número de pessoas me diria que a última coisa sobre a qual eu deveria estar falando neste livro é a necessidade de tornar-se membro de uma igreja (considerando que quero que alguém leia este livro). Essas pessoas me diriam que tornar-se membro de uma igreja não significa muito hoje em dia. Por exemplo, uma das maiores denominações cristãs dos Estados Unidos ostenta mais de 43 mil igrejas, com um total de 16 milhões de membros. Contudo, a frequência semanal em todas essas igrejas juntas é de aproximadamente 6 milhões de pessoas. Pelo visto muita gente fica doente aos domingos. Claramente, tornar-se membro de uma igreja não significa tanto assim.

À luz de todos esses fatores, muitas pessoas concluem que deveríamos simplesmente abolir a necessidade de se tornar membro de uma igreja. Mas, de acordo com a Bíblia, isso seria um erro grave.

Membros de um corpo

Por todo o Novo Testamento a Igreja é descrita como um corpo do qual os cristãos são partes, ou membros. Só em 1Coríntios 12 Paulo se refere aos cristãos dez vezes diferentes como membros de um corpo: "Ora, assim como o *corpo* é uma unidade, embora tenha muitos *membros*, e todos os *membros*, mesmo sendo muitos, formam um só *corpo*, assim também com respeito a Cristo. Pois em um só *corpo* todos nós fomos batizados em um único Espírito. [...] O *corpo* não é composto de um só *membro*, mas de muitos. [...] De fato, Deus dispôs cada um dos *membros* no *corpo*, segundo a sua vontade. [...] Assim, há muitos *membros*, mas um só *corpo*.

[...] Ora, vocês são o *corpo* de Cristo, e cada um de vocês, individualmente, é *membro* desse *corpo*" (1Coríntios 12:12-14, 18, 20, 27, grifo nosso).

A essa altura você pode pensar: *Bem, claro que somos todos membros do Corpo de Cristo, no sentido do seu corpo universal. Todo aquele que crê nele faz parte do seu corpo global.* É verdade. No momento em que cremos em Cristo, nos unimos a seus seguidores do mundo todo e de todos os tempos. Mas é só isso que a Bíblia ensina?

Parece que não. Sim, a Bíblia fala frequentemente sobre a Igreja universal, referindo-se aos cristãos de todos os tempos. Considere a carta aos Efésios, por exemplo, na qual Paulo inclui nove referências distintas à Igreja universal. Ele escreve: "Àquele que é capaz de fazer infinitamente mais do que tudo o que pedimos ou pensamos, de acordo com o seu poder que atua em nós, a ele seja a glória na Igreja e em Cristo Jesus, por todas as gerações, para todo o sempre!" (Efésios 3:20-21). Paulo está claramente pedindo que Deus receba glória de todos os cristãos de todas as gerações unidos na Igreja.

Mas referências à Igreja universal como essa em Efésios são muito raras na Bíblia se comparadas às que apontam para igrejas locais. Das 114 vezes em que vemos a palavra primária para igreja, *ekklesia*, no Novo Testamento, pelo menos noventa referem-se a ajuntamentos locais de cristãos específicos. Por exemplo, o livro de Atos dos Apóstolos inclui a frase "a igreja em Jerusalém" (Atos 11:22), 1 Coríntios faz referência à "igreja de Deus que está em Corinto" (1Coríntios 1:2), a carta aos Gálatas trata das "igrejas da Galácia" (Gálatas 1:2) e Paulo escreve duas de suas cartas à "igreja dos tessalonicenses" (1Tessalonicenses 1:1; 2Tessalonicenses 1:1). Em outras ocasiões, a Bíblia fala até em igrejas que se reúnem em casas.[6] Paulo escreve em 1Coríntios 16:19: "As igrejas da província da Ásia enviam-lhes saudações. Áquila e Priscila os saúdam afetuosamente no Senhor, e também a igreja que se reúne na casa deles."

Essas referências a igrejas locais que se reúnem em locais específicos são particularmente interessantes, porque a Bíblia nunca se refere a elas como parte da Igreja universal ou uma seção da Igreja global. Paulo nunca escreve "à parte da Igreja que se reúne em Corinto". Em vez disto, ele escreve à "igreja de Deus em Corinto", demonstrando ao longo de todo o Novo Testamento que os cristãos são unidos em corpos locais de Cristo, que são expressões tangíveis e visíveis do seu corpo universal.

A implicação é clara. Os cristãos na Bíblia estavam unidos em corpos locais. Não vemos o Novo Testamento referindo-se a seguidores de Cristo que não pertencem a uma igreja local. As cartas que fazem parte do Novo Testamento são endereçadas a pessoas específicas que se identificaram com igrejas em lugares específicos. Como resultado, qualquer discípulo de Jesus que lê sinceramente o Novo Testamento acaba fazendo-se a pergunta: *A que corpo local de cristãos pertenço? Se Paulo estivesse escrevendo uma carta para mim hoje, a que igreja eu estaria ligado como membro?*

Comprometido com uma igreja

Essa associação como membro de uma igreja local é extremamente importante para a vida de um cristão. Veja o que Jesus fala em Mateus 18, que já analisamos anteriormente:

> Se o seu irmão pecar contra você, vá e, a sós com ele, mostre-lhe o erro. Se ele o ouvir, você ganhou seu irmão. Mas se ele não o ouvir, leve consigo mais um ou dois outros, de modo que "qualquer acusação seja confirmada pelo depoimento de duas ou três testemunhas". Se ele se recusar a ouvi-los, conte à igreja; e se ele se recusar a ouvir também a igreja, trate-o como pagão ou publicano. (Mateus 18:15-17)

Perceba que Jesus faz referência "à igreja". Ele certamente não está dizendo que o pecado de um cristão que permanece sem arrependimento deva ser anunciado ao Corpo de Cristo ao redor do mundo. Em vez disso, Jesus refere-se a um corpo de cristãos local, específico e do qual aquele irmão participe ou seja membro.

Igualmente, quando Paulo trata do irmão irredutível na Igreja de Corinto que analisamos anteriormente, ele diz: "Expulsem esse perverso do meio de vocês" (1Coríntios 5:13). Aqui, Paulo está falando sobre retirar um irmão da igreja e a condição de membro é explicitamente clara. Um cristão está *na* Igreja de Corinto (como membro daquela igreja) ou *fora* da igreja de Corinto. E estar fora da Igreja de Corinto (não ser membro daquela igreja) era algo extremamente sério.

A importância de todo cristão ser membro de uma igreja também fica clara quando a Bíblia fala sobre liderança. Na epístola aos Hebreus é ordenado aos cristãos: "Obedeçam aos seus líderes e submetam-se à autoridade deles. Eles cuidam de vocês como quem deve prestar contas. Obedeçam-lhes, para que o trabalho deles seja uma alegria e não um peso, pois isso não seria proveitoso para vocês" (Hebreus 13:17). Esse versículo ilustra a importância de ser membro de uma igreja em dois níveis diferentes.

Para os líderes de igreja, esse texto é um lembrete de que Deus confiou certos cristãos aos cuidados deles em uma igreja local. O versículo me lembra pessoalmente de que tenho responsabilidade diante de Deus pelos cristãos que ele confiou a mim como pastor. Nesse caso, isso inclui quem? Sou responsável diante de Deus por cuidar de absolutamente todos os seguidores de Jesus no corpo universal de Cristo? Certamente não da maneira como sou responsável por todos os seguidores de Cristo na igreja local da qual sou pastor. Como pastor da Igreja de Brook Hills, em Birmingham (EUA), sou diariamente movido pela responsabilidade que tenho diante de Deus de pastorear a alma de irmãos e irmãs que fazem parte dessa igreja específica.

Igualmente, da perspectiva de um cristão, Hebreus 13:17 ordena que os seguidores de Cristo obedeçam a seus líderes. Isso significa que todo cristão é responsável por seguir a orientação de todo líder cristão no corpo universal de Cristo? Certamente não. Esse é um mandamento específico para que os cristãos sigam a liderança da igreja local da qual fazem parte.

Contudo, isso pode deixar muitos cristãos desconfortáveis. "Obedecer a meus líderes e me sujeitar à autoridade deles?" Assim que ouvimos as palavras "obedecer" e "sujeitar", nossa mente cria imagens de líderes autoritários que forçam sua liderança sobre as pessoas ou que abusam de sua autoridade para obter vantagens daqueles a quem lideram. A Igreja certamente não é irrepreensível nesse nível, à luz das aparentemente incontáveis histórias de líderes que são pegos roubando, cometendo imoralidade sexual ou satisfazendo o próprio orgulho à custa do povo de Deus. Infelizmente, é possível que você tenha sido pessoalmente afetado por uma história assim.

Além disso, a ideia de submissão implica desigualdade na mente de muitas pessoas. As pessoas presumem que alguém que se sujeita a outra é necessariamente inferior, e quem lidera deve ser superior. Mas não é assim que as Escrituras enxergam a submissão. A Bíblia fala sobre como o Filho se sujeita ao Pai e o Espírito é enviado pelo Filho, mas o Pai, o Filho e o Espírito Santo são exatamente iguais em valor. Igualmente, a Bíblia exorta os filhos a se sujeitarem aos pais, mas isso não significa que as crianças tenham menos valor inerente que seus pais e suas mães.

Em vez de abuso de autoridade e desigualdade grosseira, a Bíblia nos dá um retrato de líderes que amam e serv q em a Igreja de forma altruísta. Jesus diz a seus discípulos que "quem quiser ser o primeiro deverá ser escravo de todos" (Mateus 10:44). A autoridade no Reino de Deus é sempre a de um servo.[7]

De acordo com a Bíblia, os líderes de igreja são servos de Cristo e responsáveis por ensinar a verdade de Jesus, não as próprias ideias. Hebreus 13:7 diz: "Lembrem-se dos seus líderes, que lhes falaram a palavra de Deus." Os líderes da igreja têm autoridade apenas para liderar à medida que ensinam a Palavra de Deus, e por essa razão o autor de Hebreus diz: "Obedeçam seus líderes." Se os líderes estiverem ensinando a Palavra de Deus, faz todo sentido que os seguidores de Cristo obedeçam-lhes na igreja. Fazendo isso, estarão obedecendo a Cristo. Mas no momento em que os líderes começam a ensinar qualquer coisa que não seja a Palavra, perdem sua autoridade para liderar o povo de Deus.

Porém, esses líderes não apenas ensinam a Palavra de Deus; eles são escolhidos por Deus para demonstrar sua Palavra na prática. O restante de Hebreus 13:7 diz: "Observem bem o resultado da vida que [seus líderes] tiveram e imitem a sua fé". Portanto, Deus deu líderes à Igreja não apenas para comunicar sua Palavra, mas também para mostrá-la na prática, a fim de que os cristãos tenham um modelo do que significa seguir Jesus Cristo. Esse é o motivo pelo qual as qualificações para líderes de igreja em 1Timóteo 3 e Tito 1 são tão claras — um líder de igreja deve ser um exemplo digno de imitação para outros cristãos.

Portanto, é bom nos comprometermos com uma igreja sob liderança de pastores que são fiéis no ensino da Palavra de Deus e que consistentemente representam um modelo do caráter de Deus? Claro que sim. De acordo com a Bíblia, é necessário. Esse é o plano ideal de Deus para cada discípulo de Jesus.

Poderíamos continuar explorando a importância de se tornar membro de uma igreja de acordo com o Novo Testamento, observando como os membros de igrejas são responsáveis por escolher e designar líderes em uma igreja local (ver Atos 6:2-6), por assegurar que o evangelho seja pregado em sua igreja local (ver Gálatas 1:6-9; 2Timóteo 4) e por enviar missionários (ver Atos 13:1-3). Entretanto, espero que esteja claro o suficiente até esse ponto que a Bíblia é terminantemente contrária ao individualismo e ao consumismo na Igreja, portanto ela leva cada seguidor de Cristo a perguntar a si mesmo: "Sou membro ativo e responsável de uma igreja local?"

A pergunta não significa simplesmente: "Meu nome está na lista de membros de alguma igreja?" ou "Eu frequento alguma igreja?" A questão é: "Estou comprometido com uma igreja local, na qual compartilho a vida com outros seguidores de Cristo em responsabilidade mútua, sob uma liderança bíblica para a glória de Deus? E, de acordo com o Novo Testamento, se eu estiver namorando casualmente (ou ignorando totalmente) a igreja local, então estarei vivendo contrariamente ao plano de Deus para minha vida como cristão." É impossível seguir Jesus Cristo sem se comprometer com uma igreja local.

Igreja local, propósito global

De qualquer forma, por que iríamos querer levar a vida cristã longe da igreja? É claro que as igrejas não são perfeitas e têm todo tipo de problema, mas não seriam assim porque estamos nelas? Se você encontrar uma igreja perfeita e se juntar a ela, pode ter certeza de que ela deixará de ser perfeita.

Se você afirma ser seguidor de Cristo, eu o encorajo a refletir sobre seu compromisso atual com uma igreja local. Você está compartilhando sua vida com outros cristãos nos moldes do Novo Testamento — amando, servindo, se importando e cuidando uns dos outros a ponto de disciplinar e restaurar uns aos outros quando necessário? Você serve a Cristo sob a liderança de pastores bons e submissos a Deus, que pregam a Bíblia claramente e servem fielmente de modelo do caráter divino?

Sou tocado e fico maravilhado ao simplesmente fazer essas perguntas, pois, como pastor, sinto o peso do projeto de Cristo para sua Igreja. Quando homens e mulheres morrem para si mesmos e vivem para Jesus, Deus os une como irmãos e irmãs na família da fé. Essa é uma comunidade de cristãos que adoram em conjunto regularmente, servem desinteressadamente uns aos outros, protegem graciosamente uns aos outros, doam generosamente uns aos outros e cuidam compassivamente uns dos outros. Nessa comunidade vivemos para ver uns aos outros firmes no Senhor.

Além disso, ao darmos a vida uns pelos outros na Igreja, expressamos o amor de Cristo às pessoas no mundo. Jesus disse a seus discípulos: "Um novo mandamento lhes dou: Amem-se uns aos outros. Como eu os amei, vocês devem amar-se uns aos outros. Com isso todos saberão que vocês são meus discípulos, se vocês se amarem uns aos outros" (João 13:34, 35). Jesus disse que o mundo reconhecerá seus discípulos pelo amor distinto com que amam uns aos outros. Quando orou pelos seus seguidores antes de ir à cruz, Jesus disse ao Pai: "Rogo também por aqueles que crerão em mim, por meio da mensagem deles, para que todos sejam um, Pai, como tu estás em mim e eu em ti. Que eles também estejam em nós, para que o mundo creia que tu me enviaste" (João 17:20, 21).

De acordo com a Bíblia, quando as pessoas no mundo virem a vida de Cristo na Igreja, vão crer no amor de Deus pelo mundo. Essa é mais uma razão pela qual todo seguidor de Cristo deve estar comprometido com a Igreja — para que a glória de Deus possa ser conhecida no mundo. E até mesmo *além* do mundo. Na carta aos Efésios, que se concentra fortemente na unidade da Igreja, Paulo ora para que "mediante a igreja, a multiforme sabedoria de Deus se tornasse conhecida dos poderes e autoridades nas regiões celestiais" (Efésios 3:10).

O plano de Deus é demonstrar a grandeza de seu caráter a anjos e demônios através do retrato de sua Igreja. Seu plano é transformar homens e mulheres como nós, antes objetos de sua ira, em objetos de seu afeto. Deus nos dá vida com perdão de pecados e cheia de seu Espírito. Ele nos exalta para reinarmos com Cristo como um pronunciamento eterno às hostes celestiais e aos demônios do inferno que ele é onisciente, onipotente, a suprema essência do amor e digno de todo louvor de todos os seres de todos os tempos.

Esta é a principal razão pela qual todo seguidor de Cristo deve ser membro de uma igreja — porque cada discípulo de Jesus deseja a glória de Deus. Você pode ser tentado a pensar: *Bem, não posso viver para a glória de Deus individualmente?* Certamente faz sentido que devemos demonstrar a glória do Senhor em tudo que fazemos. Mas a mensagem da Palavra de Deus é que sua glória alcança o auge de sua expressão majestosa não através de *você* e de mim, mas através de *nós*. Deus exalta a Igreja e diz a toda a criação nos céus, na terra e debaixo da terra: "Esta é a noiva e o Corpo de meu Filho, comprado com seu sangue para ser meu povo, receber meu poder, desfrutar de minha presença e declarar meu louvor para todo o sempre."

É um privilégio fazer parte da Igreja. Entregar-se a Cristo é tornar-se membro de sua comunidade. É impossível, no sentido bíblico, espiritual e prático, ser discípulo de Cristo (muito menos *fazer* discípulos de Cristo) sem total devoção à família de cristãos. Pois quando os cristãos dão-se os braços e unem suas vidas em igrejas locais, nada tem poder para impedir que o evangelho de Deus se espalhe mundialmente até os confins da terra.

Capítulo 8
Uma visão do possível

Imagine sua igreja

Não pense no prédio ou no estacionamento, nem nas atividades ou nos programas. Apenas nas pessoas. Sejam cinquenta, cem, quinhentas ou cinco mil, pense nas pessoas que formam sua igreja.

Pessoas vivendo em um mundo de pecado e rebelião, sofrimento e dor. Um mundo em que 3 bilhões de homens, mulheres e crianças sobrevivem com menos de dois dólares por dia e 1 bilhão vive em absoluta pobreza — em vilarejos remotos e favelas urbanas nas quais centenas de milhões passam fome e morrem em razão de doenças que podem ser evitadas. Um mundo em que bilhões de pessoas estão imersas em religiões falsas e aproximadamente 2 bilhões nunca ouviram o evangelho. Estão todas (literalmente bilhões de pessoas) em um caminho que leva ao inferno eterno — sofrimento que absolutamente nunca cessará.

Mas você e as pessoas de sua igreja foram transformadas pelo evangelho de Cristo. Dentro de suas mentes, vocês sabem que Jesus morreu na cruz e ressuscitou dos mortos para salvar as pessoas de seus pecados. Em seus corações, vocês experimentaram e viram que só ele pode satisfazer a alma. Seus desejos foram abandonados em favor dos caminhos de Deus e vocês anseiam por serem testemunhas ao redor do mundo. Deus os uniu como irmãos e irmãs em uma igreja local com uma missão global — fazer discípulos de todas as nações. Deus encheu cada um de vocês com o poder de seu Espírito, para capacitá-los individual e coletivamente a alcançar o mundo com o evangelho.

Portanto, se vocês não tivessem nada além de pessoas — se não tivessem prédios, programas, equipes e atividades — e recebessem o dever de espalhar o evangelho ao mundo todo, por onde começariam? Juntariam seu dinheiro para poderem gastar milhões de dólares em um prédio para se reunirem? Buscariam o melhor pregador, os músicos mais talentosos e a equipe mais preparada para organizar apresentações e programas que atraíssem suas famílias e seus filhos? Vocês aplicariam seus recursos no que é mais confortável, divertido e prazeroso para vocês?

Não acredito que sua igreja faria essas coisas — nem a minha. Não agiríamos assim se acreditássemos realmente na Palavra de Deus e estivéssemos olhando com sinceridade para o mundo de Deus.

Se percebêssemos que há bilhões de pessoas sem o evangelho, muitas das quais sequer ouviram falar dele, e se entendêssemos que há centenas de milhões de pessoas famintas sem comida nem água, provavelmente não diríamos: "Vamos gastar milhões de dólares construindo uma casa de adoração."

Como já vimos, a Bíblia nunca nos instruiu a construir uma casa para adoração. Em vez disso, diz que, como povo de Deus, nós mesmos *somos* a casa de adoração. O Novo Testamento nunca recomenda que construamos um lugar para que as pessoas venham até nós; em vez disso, nos ordena que entreguemos nossas vidas indo até as pessoas.

Igualmente, se realmente acreditássemos na Bíblia, provavelmente não restringiríamos o ministério a uma equipe de ministros que lideram a Igreja. Afinal, todos na Igreja já são equipados pelo Espírito de Deus para o propósito do ministério. Por que deixaríamos de lado o Espírito Santo que está em todos a fim de delegar a obra de Deus a alguns poucos?

Em vez disso, todos nós cumpriríamos o ide.

Cada um de nós. Espalharíamo-nos o mais rápido possível para tornar o evangelho conhecido ao maior número possível de pessoas.

Contudo, seria difícil e provavelmente teria um custo alto. Portanto, mesmo se nos espalhássemos, nos encontraríamos periodicamente. O propósito de nossa reunião não seria mergulhar em um espetáculo ou sentar em uma sala de aula. O propósito de nossa reunião seria compartilhar nossa vida — compartilhar as feridas e alegrias que experimentamos ao investir nossa vida para a proclamação do evangelho aos confins da terra. Encorajaríamos uns aos outros, ensinaríamos, adoraríamos, doaríamos e nos sacrificaríamos, sempre uns pelos outros. Em seguida nos espalharíamos novamente para tornar o evangelho de Jesus conhecido a mais gente. Faríamos isso semana após semana, ano após ano e não pararíamos até que as boas-novas de Jesus tivessem se espalhado de nossas casas para nossos bairros, para nossas cidades e para as nações.

Esse é o retrato da Igreja em sua origem.

Um pequeno grupo de doze homens respondeu a um convite que mudaria suas vidas: "Sigam-me, e eu os farei pescadores de homens" (Mateus 4:19). Nos dias subsequentes, observaram, ouviram e aprenderam de Jesus como amar, ensinar e servir outros da mesma maneira como ele fazia. Então chegou o momento de o verem morrer na cruz pelos pecados deles, para ressuscitar dos mortos três dias depois. Logo em seguida ele os reuniu na encosta de uma montanha e disse:

> Foi-me dada toda a autoridade no céu e na terra. Portanto, vão e façam discípulos de todas as nações, batizando-os em nome do Pai e do Filho e do Espírito Santo, ensinando-os a obedecer a tudo o que eu lhes ordenei. E eu estarei sempre com vocês, até o fim dos tempos (Mateus 28:18-20).

Exatamente como Jesus havia dito desde o início, aqueles seguidores agora se tornariam pescadores de homens. A missão imposta por Jesus tornou-se para eles uma ambição voraz.

Pouco tempo depois, encontraram-se com um pequeno grupo de outros seguidores, aproximadamente 120, e esperaram. Fiel à sua promessa, Jesus enviou seu Espírito sobre cada um deles e imediatamente começaram a proclamar o evangelho. Nos dias que se seguiram, dispersaram-se de Jerusalém para a Judeia, Samaria e até os confins da terra, e no tempo de uma geração aumentaram em mais de quatrocentas vezes o tamanho do grupo inicial.

Como isso aconteceu?

Foi porque eles tinham prédios extravagantes e programas divertidos? Não houve nada disso.

Foi por terem líderes talentosos? Para sermos corretos, Deus realmente apontou pessoas específicas para certas posições na Igreja. Mas a disseminação do evangelho no livro de Atos aconteceu basicamente porque pessoas comuns, capacitadas por uma presença extraordinária, proclamavam o evangelho aonde quer que fossem. Foram cristãos anônimos (ou seja, não os apóstolos) que inicialmente levaram o evangelho à Judeia e a Samaria e fundaram a igreja em Antioquia, que se tornou a base das missões aos gentios.

Foram seguidores não identificados de Jesus que espalharam o evangelho por toda a Ásia. Discípulos foram feitos e as igrejas se multiplicaram em lugares onde os apóstolos jamais estiveram. As boas-novas se espalharam não por meio de pregadores extravagantes, mas de pessoas comuns, cujas vidas haviam sido transformadas pelo poder de Cristo. Iam de casa em casa, nos mercados, nas lojas, nas ruas e nas estradas, levando pessoas à fé em Jesus diariamente.

Foi assim que o evangelho penetrou no mundo durante o primeiro século — por meio de discípulos de Jesus abnegados e capacitados pelo Espírito, que faziam outros discípulos. Seguidores de Jesus pescavam homens. Discípulos faziam discípulos. Cristãos não eram conhecidos por sua associação com Cristo e sua Igreja; em vez disso, eram identificados por seu completo abandono de tudo por Cristo e sua causa. A grande comissão não foi uma opção a ser considerada, mas uma ordem a ser obedecida. E apesar de terem enfrentado incontáveis provações e perseguições impensáveis, experimentaram alegria inimaginável quando se uniram a Jesus pelo avanço de seu Reino.

Quero fazer parte de um movimento como esse. Não quero passar a vida construindo prédios e planejando programas para frequentadores de igreja acomodados. Nem quero construir um Reino que gire em torno de meus dons limitados e de minha liderança imperfeita. Quero fazer parte de um povo que realmente crê que temos o Espírito de Deus em cada um de nós para espalharmos o evangelho por intermédio de todos nós. Quero fazer parte de um povo que alegremente sacrifica prazeres, objetivos e posses deste mundo porque vivem pelo tesouro do mundo que está por vir. Quero fazer parte de um povo que renunciou a todas as ambições terrenas em favor de uma aspiração eterna — ver discípulos sendo feitos e igrejas multiplicadas a partir de nossas casas para nossas comunidades, cidades e nações.

Esse tipo de movimento envolve todos nós. Cada seguidor de Cristo pescando homens. Cada discípulo fazendo discípulos. Chega de espectadores. Em vez disso, pessoas comuns espalhando o evangelho de maneira extraordinária ao redor do mundo. Homens e mulheres de diversas origens, com diferentes dons e plataformas distintas fazendo discípulos e multiplicando igrejas por meio de cada esfera da sociedade, em cada canto do planeta. Este é o projeto de Deus para sua Igreja. E os discípulos de Jesus não devem se acomodar com nada menos que isso.

Uma estratégia simples

Viaje comigo a um país onde a conversão ao cristianismo é considerada ilegal. As leis proíbem que se compartilhe o evangelho com um muçulmano nessa nação do Oriente Médio. Também não é permitido que um muçulmano se torne cristão. Por isso, era de se esperar que o evangelho fosse silenciado, mas felizmente não é o caso.

Um pequeno grupo de cristãos está fazendo discípulos e multiplicando igrejas nesse país. Esses irmãos e irmãs não são espalhafatosos; muito pelo contrário, são pessoas bem comuns. Vivendo nesse país, simplesmente mantêm um negócio bem-sucedido que emprega homens e mulheres muçulmanos. Em sua jornada, amam decididamente pessoas e as levam à vida eterna em Cristo. Sua estratégia é simples — fazer discípulos com base em Mateus 28.

Eles começam compartilhando o evangelho. Agora, você pode se perguntar — *Eu achava que era ilegal compartilhar o evangelho, então como eles fazem isso?*

Bem, esses irmãos e irmãs sabem que o Espírito Santo vive dentro deles, então podem ser testemunhas e nada irá impedi-los de falar sobre seu Salvador. Eles não podem evitar. O evangelho da graça de Deus é bom demais para ser guardado para eles, e por isso eles ficam felizes em arriscar suas vidas para compartilhá-lo com outras pessoas. Eles não enxergam isso como um tipo de devoção radical a Cristo. Eles simplesmente creem ser normal que todo seguidor de Cristo pesque homens.

Contudo, são sábios na maneira de compartilhar o evangelho. Têm por objetivo costurar fios do evangelho no tecido de cada interação com muçulmanos. Em cada conversa, em cada negociação comercial, em cada refeição e em cada reunião procuram oportunidades de falar sobre quem é Deus, como ele ama, o que está fazendo no mundo e, principalmente, o que ele faz por nós em Cristo. Claro que nem toda conversa inclui uma explanação extensiva de uma hora de duração sobre o evangelho. Eles simplesmente tentam saturar todas as suas interações com vários fios do evangelho, como ao entrelaçar vários fios coloridos em uma colcha. Eles oram para que Deus, no tempo certo, abra os olhos dos homens e das mulheres ao redor de si para que enxerguem a tapeçaria do evangelho e venham a Cristo.

Quando vi essa "costura do evangelho" na prática, fiquei maravilhado ao perceber como o compartilhar do evangelho pode ser natural (ou talvez eu devesse dizer, *sobrenatural*). Em interações casuais, em locais de trabalho ou em casas, ouvi irmãos e irmãs compartilhando histórias sobre o Filho de Deus e as verdades de sua Palavra. Estive em uma loja onde Mark, um dos irmãos que atuam naquele país, conversava com um dono de loja muçulmano e falava sobre como Jesus estava trabalhando em sua vida e em sua família naquela semana. Outra vez, enquanto esperávamos para jantar com uma família muçulmana em sua casa, ouvi Kim, uma das irmãs que atuavam naquele país, simplesmente falando sobre o amor abnegado de Deus por nós.

Certa noite, bem tarde, Robert e eu, outro irmão naquele país, estávamos conversando com um grupo de homens sobre a divindade de Cristo. Para muitos muçulmanos, esse é um grande obstáculo para a conversão a Cristo, pois consideram essa doutrina completamente blasfema e ofensiva. Devo admitir que fiquei um pouco nervoso enquanto estivemos naquele quarto no andar de cima às duas da manhã, cercados de muçulmanos que eu acabara de conhecer, em um país onde é ilegal compartilhar o evangelho e discutindo o que poderia ser sua faceta mais contenciosa, provocativa e até ofensiva.

Contudo, aqueles homens estavam abertos a ouvir por causa da maneira como Mark, Kim e Robert viviam. Falando de maneira simples, os cristãos que trabalhavam juntos naquela empresa conquistaram o direito de serem ouvidos. Eram honestos em seu trabalho e respeitavam as pessoas com quem trabalhavam. Eles cuidavam uns dos outros e das pessoas ao redor deles de forma comovente. Quando outros empregados passavam por dificuldades, esses irmãos e essas irmãs demonstravam o amor de Deus. Quando colegas de trabalho adoeciam ou passavam necessidades, eles perguntavam se podiam orar por eles. Na maior parte das vezes aqueles colegas de trabalho diziam "sim" alegremente. Quando os cristãos oravam por eles no nome de Jesus, aqueles homens e mulheres muçulmanos viam uma ilustração da bondade de

Deus que se encaixava nas conversas contínuas que tinham ouvido sobre a graça divina.

Como resultado disso, as pessoas começaram a se converter a Cristo. Elas chamavam cristãos como Mark, Kim e Robert secretamente para um canto para fazerem mais perguntas sobre quem é Jesus e como ele salva. Um por um, Deus estava atraindo para si colegas de trabalho, suas famílias e seus conhecidos. Pode ter certeza de que isso não foi fácil para nenhum dos envolvidos. Quanto mais gente se convertia a Cristo, mais risco todos eles corriam.

Esse é um dos aspectos que frequentemente não percebemos em relação à perseguição e propagação do evangelho. Comumente pensamos que a perseguição é horrível e certamente o é em muitos sentidos. Mas ela muitas vezes é sinal de que o evangelho está avançando. Enquanto o evangelho permanece dormente em um país ou no meio de um povo, enquanto ninguém se converte a Cristo, ninguém se preocupa com o cristianismo. Só quando o evangelho se espalha e pessoas se convertem é que a oposição começa a surgir. Isso nos faz perguntar: "Apesar de não corrermos atrás de perseguição, de certo modo não queremos que ela venha?"

Apesar de a conversão ao cristianismo ser contra as leis daquele país, os homens e as mulheres que se rendiam a Cristo não estavam preocupados primeiramente com a lei ou com a polícia; estavam principalmente preocupados com as pessoas em suas casas e comunidades. Deixar o islamismo para seguir Jesus significava trazer vergonha para a família e os amigos. Como resultado, novos cristãos podiam ser expulsos de casa ou até mortos em nome da honra.

Não obstante, homens e mulheres conscientes de que encontrariam resistência por seguir Jesus continuavam se convertendo à fé em Cristo. Por quê? Porque eram arrebatados pelo retrato da graça, do amor, da bondade e da salvação em Cristo que havia sido pintado por cristãos como Mark, Kim e Robert.

Além disso, Mark, Kim e Robert não abandonavam esses novos cristãos depois de se converterem a Cristo. Eles sabiam que fazer discípulos envolve batizá-los e ensiná-los a obedecer a tudo que Cristo ordenou. Como resultado, fizeram questão de ensinar seus novos irmãos e irmãs o que significa seguir Jesus e ajudá-los a obedecer aos mandamentos de Cristo no contexto em que viviam. Eles juntaram esses novos cristãos em igrejas onde batizavam uns aos outros. Começaram então a se encontrar estrategicamente para adorar uns com os outros, encorajar uns aos outros, cuidar uns dos outros e realizar todos os demais "uns/outros" que encontramos na Bíblia. Além disso, esses novos cristãos começaram a compartilhar e demonstrar a graça e o amor de Deus a outros muçulmanos exatamente como viram no modelo de Mark, Kim e Robert. Juntos, começaram a fazer discípulos e multiplicar igrejas em um lugar onde menos esperaríamos e de uma maneira que só Deus pode receber a glória.

Quando penso em Mark, Kim e Robert, seguidores comuns de Cristo vivendo juntos e trabalhando para fazer discípulos e multiplicar igrejas, é impossível não me perguntar: *Por que todos nós não fazemos isso? Por que uma estratégia parecida não caracteriza a vida de absolutamente todo seguidor de Cristo no mundo?*

Obviamente as condições e circunstâncias são diferentes em nossas vidas, mas isso não é bom? E se Deus tiver colocado cada um de nós em um lugar diferente, em empregos diferentes, com dons diferentes, ao redor de pessoas diferentes para o propósito peculiar de cada um fazer discípulos e multiplicar igrejas? E se todo seguidor de Cristo pudesse fazer isso? E se todo seguidor de Cristo devesse fazer isso?

Costurando fios do evangelho

Por que não podemos todos nós compartilhar Cristo com a mesma postura deliberada de Mark, Kim e Robert? E se cada um de nós conscientemente costurasse fios do evangelho no tecido de nossas conversas diárias? Considere o evangelho — as boas-novas de que o justo e gracioso Deus do universo olhou para pecadores sem esperança e enviou seu Filho, Jesus Cristo, Deus encarnado, para carregar na cruz a ira contra o pecado e sobre este mostrar seu poder na ressurreição, para que todo aquele que abandonar seu pecado e confiar em Jesus seja reconciliado com Deus para sempre.

Nesse evangelho encontramos várias facetas ou componentes que cada um de nós pode articular. Cada seguidor de Cristo sabe quem é Deus, qual é o problema fundamental do homem, quem é Jesus e o que ele fez, como alguém pode ser salvo e quão importante é ser salvo.

Portanto, vamos incorporar o caráter de Deus, o caráter pecaminoso do ser humano, a suficiência de Cristo, a necessidade da fé e a urgência da eternidade em nossas conversas diárias. E enquanto costuramos essas boas-novas no tecido de todas as interações com as pessoas ao nosso redor, vamos orar para que Deus abra os olhos delas para que vejam a tapeçaria de sua glória e creiam no evangelho de sua graça.

Na prática, vamos falar continuamente às pessoas ao nosso redor sobre Deus como alguém que conhecemos, amamos e adoramos. Em vez de falarmos como ateus, atribuindo as circunstâncias ao nosso redor ao acaso ou à coincidência, vamos colocar o caráter de Deus à mostra todo dia diante de pessoas que podem ainda não crer nele. Vamos falar sobre Deus como Criador, Juiz e Salvador no contexto de nossas conversas diárias.

Igualmente, vamos falar sobre o problema fundamental do homem — o pecado. Pode não ser a forma mais eficaz de se iniciar uma conversa aproximar-se de um colega de trabalho no bebedouro e dizer bruscamente: "Você é um pecador condenado e terrível que precisa de salvação." Nesse momento, a única pessoa de quem ele desejará ser salvo é de você. Muitos, se não a maioria, dos não cristãos ficam ofendidos se você ao menos sugerir que eles precisam "ser salvos". Mas isso não significa que precisamos esconder a realidade do pecado em nossas conversas diárias. Vamos falar humildemente sobre a seriedade do pecado em nossas vidas e neste mundo cheio de maldade, sofrimento, doença, dor e morte.

Depois vamos falar clara e compassivamente sobre a pessoa e a obra de Jesus diariamente. Vamos conversar sobre sua vida — as pessoas que ele curou, o que ensinou, milagres realizados por ele e a maneira como serviu. Vamos falar de sua morte. As pessoas ao seu redor sabem quão agradecido você é pela cruz de Cristo? E vamos proclamar sua ressurreição. Como cristãos, falamos sobre as dificuldades neste mundo com profunda esperança e uma alegria fora do comum. Cada provação que enfrentamos, não importa quão difícil venha a ser, é uma ocasião para levarmos pessoas à satisfação dada por Deus que supera o sofrimento nesta vida. Falamos sobre o câncer com confiança e sobre a morte com alegria, pois sabemos que viver é Cristo e morrer é lucro.

Há algo mais importante a se falar do que essas coisas? Clima, comida e esportes dominam nossas conversas diárias, mesmo com pessoas que não conhecem Jesus. Certamente há uma necessidade de falarmos a essas mesmas pessoas sobre coisas que têm valor eterno. O que poderíamos fazer em nossas vidas que seja mais valioso do que isso? O que poderia ser mais significativo fazer hoje do que dizer a outras pessoas que o Deus do universo as ama e deseja ser conhecido por elas e salvá-las do pecado para sempre? E o que poderia ser mais emocionante do que ver a vida de uma pessoa mudada para sempre bem diante dos seus olhos no momento em que ela abandona o pecado e confia em Cristo como Salvador? Pelos próximos 10 bilhões de anos e muito além, a vida daquela pessoa — e a vida de muitas outras pessoas que ela encontrar no futuro — será completamente diferente, como resultado do que você ou eu tivemos a oportunidade de dizer hoje.

Nós nos comunicamos por e-mail, Facebook, Twitter e mensagens de celular com pessoas que estão caminhando para a eternidade no céu ou no inferno. Nossa vida é curta demais para ser desperdiçada em conversas meramente temporais quando grandes realidades eternas estão em jogo. Assim como você e eu não temos garantias de que viveremos até o fim do dia de hoje, as pessoas ao nosso redor também não têm garantia do amanhã. Portanto, pratiquemos a costura dos fios do evangelho no tecido de nossas conversas todos os dias, sabendo que nem sempre será fácil, contudo crendo que a eternidade sempre valerá a pena.

Oração e salvação

Como seguidores de Cristo que costuram fios do evangelho no tecido de nossas conversas diárias, procuramos oportunidades de convidar pessoas para abandonar o pecado e a si mesmas e confiar em Jesus como Salvador e Senhor. Não apenas vivemos para que as pessoas ouçam o evangelho; nós *ansiamos* para que elas respondam a ele. Chamar pessoas ao arrependimento e à fé pode dar a sensação de ousadia desconfortável, esteja você em um país do Oriente Médio ou em uma mesa de escritório, mas esse convite é inquestionavelmente bíblico.

Lembre-se, entretanto, de que nosso objetivo não é meramente levar pessoas a fazer determinada oração. Obviamente, a oração é uma resposta apropriada e bíblica ao evangelho. Nas palavras de Paulo, "todo aquele que invocar o nome do Senhor será salvo" (Romanos 10:13). À luz desse versículo (e de outros similares), muitos cristãos criaram diferentes versões de "oração do pecador" que encorajam outras pessoas a fazê-las a fim de experimentarem a salvação. Essa "oração do pecador" não é por si só errada e tem sido útil no momento de conversão de muitas pessoas. Muitos pregadores, de Billy Graham a Bill Bright, já a usaram para levar pessoas a Cristo. Contudo, precisamos lembrar que, mais importante do que pedir que as pessoas façam uma oração, as estamos convidando a perder suas vidas e encontrar nova vida em Cristo.

Por várias razões, estou convencido de que devemos ter clareza bíblica, além de zelo pessoal, em relação ao uso de uma "oração do pecador". Afinal, uma "oração do pecador" específica como a que imaginamos frequentemente hoje em dia não se encontra na Bíblia nem em grande parte da história da Igreja. Jamais vemos nas Escrituras alguém dizendo: "Curve sua cabeça, feche os olhos e repita", fazendo em seguida uma "oração do pecador".

Além disso, parece que o uso da "oração do pecador" pode eventualmente ser considerado uma solução estereotipada. O tempo todo converso com pessoas que estão à procura de um formulário onde possam marcar um "X" para ficarem bem com Deus e salvas pela eternidade. Mas não há um formulário assim. Somos salvos unicamente pela graça, mediante a fé exclusiva em Cristo. Essa fé salvadora é antiobras (isto é, "não por obras, para que ninguém se glorie", conforme Efésios 2:9) e precisamos ser cuidadosos em jamais expressar que as obras de alguém (ou suas palavras) podem garantir algum mérito de salvação perante Deus.

Além disso, já vi a "oração do pecador" ser mal usada no cenário cristão contemporâneo, com pessoas "fazendo a oração" sem entendimento bíblico do evangelho, "fazendo a oração" em diversas ocasiões para assegurar sua salvação ou "fazendo a oração" sem jamais considerar o preço de seguir Jesus Cristo. Experimentei esse mal uso em minha vida. Lembro-me de estar deitado em minha cama uma noite quando era ainda criança e, mais tarde, como adolescente, perguntando-me se eu estava realmente salvo e depois de algum tempo pensando: *Bem, só preciso fazer aquela oração novamente... e fazê-la de coração desta vez e então saberei que estou salvo.*

Já vi esse mau uso da oração em uma variedade de situações — aqui e em outros países, entre crianças, jovens e adultos. Nessas ocasiões as pessoas são convidadas a "fazer a oração" e "erguer as mãos". Apesar das boas intenções, as várias formas de se fazer esse convite são teologicamente centradas no homem e, na prática, manipuladoras. Também já vi este mau uso na vida de muitas pessoas que pastoreio e que fizeram a "oração do pecador" em algum momento de suas vidas e mais tarde perceberam que não estavam verdadeiramente salvas.

Finalmente, parece que "fazer a oração" com frequência se torna uma base nociva para se assegurar a salvação na vida de muita gente. Homens, mulheres, adolescentes e crianças frequentemente ouvem: "Se você fez aquela oração, pode ter certeza de que está salvo por toda a eternidade." Mas uma oração não é a melhor base (nem mesmo uma base bíblica) para se ter certeza da salvação. De acordo com a Bíblia, a certeza da salvação é sempre baseada na obra de Cristo, não na nossa. Objetivamente, os cristãos olham para a obra de Cristo realizada na cruz, no passado; subjetivamente, olham para a obra presente de Cristo em nossa vida; e derradeiramente olham para as promessas inabaláveis de Cristo sobre nosso futuro.[1] Nossa certeza de salvação não se encontra em uma oração ou decisão feita muitos anos atrás, mas na confiança no sacrifício de Cristo por nós, ao experimentar o Espírito de Cristo em nós, ao obedecer os mandamentos de Cristo para nós e ao expressar o amor de Cristo às outras pessoas. Seria sábio de nossa parte não oferecer às pessoas uma certeza generalizada sobre seu destino eterno sem o fruto da fé bíblica, do arrependimento, da obediência e do amor.

Dito tudo isso, quero reiterar que a oração é uma resposta bíblica e correta ao evangelho. Ao compartilhar o evangelho, é bom convidar as pessoas a pedirem que Deus as salve. Mas é desnecessário (e, de certa forma, pelas razões já apresentadas, inútil) dizer-lhes o que precisam falar para serem salvas. Se, depois de ouvir clara e amplamente o evangelho, as pessoas entenderem Deus como ele é, seus pecados como são e Cristo por quem ele é e pelo que fez, se estiverem dispostas a se arrepender e crer em Jesus — abandonar o pecado e confiar nele como Salvador e Senhor —, então não há palavras específicas que precisem recitar.

O Espírito de Deus despertou o coração dessas pessoas para o evangelho, e elas estão mais do que capacitadas por ele a se arrepender e crer — a suplicar misericórdia enquanto se submetem à sua majestade. Então encoraje-as a fazê-lo neste momento. Ao mesmo tempo, sinta-se à vontade para deixá-las a sós com Deus, se isso for o melhor a fazer. Em alguns casos, pode ser melhor encorajar a pessoa a ficar sozinha com

Deus, para evitar que você inconsciente e inutilmente manipule uma decisão, uma circunstância ou uma situação. Ao convidar outros a se submeterem à pessoa de Cristo, confie que o Espírito de Cristo as levará à salvação.

Em seguida, talvez o mais importante, quando a pessoa se arrepender e crer em Cristo, esteja disposto a orientá-la como um novo convertido. Lembre-se de que nosso objetivo não é acumular decisões; nosso objetivo é fazer discípulos.

Digno de imitação

Fazer discípulos envolve muito mais que apenas levar pessoas a crer em Cristo; envolve ensiná-las a segui-lo. Isso requer que mostremos às pessoas (particularmente aos novos cristãos) como é a vida cristã na prática. Lembre-se de como as conversas contínuas de Mark, Kim e Robert sobre o evangelho eram acompanhadas de ilustrações claras do caráter de Deus em suas vidas. De igual modo, as pessoas ao nosso redor esperam ver uma demonstração de Cristo que acompanhe nossa explicação sobre ele.

Isso é retratado de forma muito clara no que Paulo escreveu aos novos irmãos e irmãs em Tessalônica: "Nosso evangelho não chegou a vocês somente em palavra, mas também em poder, no Espírito Santo e em plena convicção. Vocês sabem como procedemos entre vocês, em seu favor. De fato, vocês se tornaram nossos imitadores e do Senhor; apesar de muito sofrimento, receberam a palavra com alegria que vem do Espírito Santo" (1Tessalonicensses 1:5-6). Paulo, Silas e Timóteo falaram sobre o poder do evangelho com seus lábios, enquanto demonstravam os efeitos desse poder em suas vidas. Esses homens deliberadamente levavam vidas dignas de imitação a fim de compartilhar o evangelho com homens e mulheres daquele lugar. E quando as pessoas de Tessalônica se convertiam à fé em Cristo, começavam a seguir o exemplo deixado por aqueles três irmãos.

Isso é parte do significado de fazer discípulos. Em nossos lares, locais de trabalho, no ambiente da família e de amigos, na relação conjugal, na condição de pais, mães, filhos, filhas, empregadores, empregados, professores, treinadores, advogados, médicos, porteiros, consultores, garçons, vendedores e contadores, você e eu devemos conscientemente levar vidas dignas de imitação. Servindo de modelo do caráter de Cristo, falando a verdade de Cristo e demonstrando o amor de Cristo, recomendamos o evangelho às pessoas ao nosso redor no processo de fazer discípulos.

Além disso, ensinamos pessoas a obedecer tudo que Cristo nos ordenou. Entretanto, pode-se dizer: "Não é isso o que devem fazer os pastores?" Em certo sentido, sim. Deus claramente chamou e capacitou algumas pessoas na Igreja para ensinar sua Palavra *formalmente* (ver 1Timóteo 3:2; 5:17; Tiago 3:1). Ao mesmo tempo, ordenou que todos nós na Igreja ensinemos sua Palavra de maneira *relacional*.

Na grande comissão, Jesus diz a todos os seus discípulos que vão, batizem e ensinem as pessoas a obedecer tudo que ele havia ordenado. Esse tipo de ensino não requer nenhum talento especial ou estrutura específica. Esse ensino acontece em qualquer lugar — em casas, bairros, locais de trabalho, caronas de carro, reuniões e durante refeições — no contexto em que vivemos, trabalhamos e atuamos diariamente.

Lembre-se da figura usada por Deus em Deuteronômio 6 ao instruir pais a respeito de suas palavras: "Ensine-as com persistência a seus filhos. Converse sobre elas quando estiver sentado em casa, quando estiver andando pelo caminho, quando se deitar e quando se levantar. Amarre-as como um sinal nos braços e prenda-as na testa. Escreva-as nos batentes das portas de sua casa e em seus portões" (Deuteronômio 6:7-9). Essa é a imagem da Igreja de Cristo que vemos na Bíblia: uma comunidade de fé preenchendo suas conversas com a Palavra de Deus onde quer que esteja — em suas casas, onde trabalham e em qualquer outro lugar por onde andam.

Todas as nações

Como discípulos de Jesus, assim como Mark, Kim e Robert, nós compartilhamos, demonstramos e ensinamos a Palavra de Deus. É isso que significa fazer discípulos e Jesus nos disse para fazê-lo em todas as nações. A expressão que Jesus usa para "todas as nações" em Mateus 28:19 é *panta ta ethne*, que significa literalmente todas as etnias ou povos do mundo.

Muitas pessoas entendem esse versículo incorretamente, pensando que Jesus está falando sobre nações como são concebidas hoje em dia.

Atualmente existem aproximadamente duzentas nações geopolíticas, mas não são essas às quais Jesus se refere. Claramente, Jesus não estava falando sobre os Estados Unidos porque, bem, este país não existia no primeiro século. Em vez disso, ele estava falando sobre famílias, tribos e clãs que são comumente chamados de grupos hoje em dia. Estudiosos bíblicos, antropólogos e missionários analisaram as etnias representadas ao redor do mundo atualmente e identificaram mais de 11 mil grupos diferentes — grupos de pessoas com características linguísticas e culturais similares. Muitos desses grupos existem lado a lado em um mesmo país. Por exemplo, se você for a uma nação como a Índia ou mesmo a uma cidade como Nova York, verá todo tipo de gente com línguas e características culturais diferentes convivendo.

É interessante notar que a Bíblia se encerra com a figura de homens e mulheres de cada um desses grupos representados ao redor do trono de Cristo, cantando louvores a Deus. O livro de Apocalipse revela uma cena em que "uma grande multidão que ninguém podia contar, de todas as nações, tribos, povos e línguas, de pé, diante do trono e do Cordeiro, com vestes brancas e segurando palmas. E clamavam em alta voz: 'A salvação pertence ao nosso Deus, que se assenta no trono, e ao Cordeiro'" (Apocalipse 7:9-10). Um pouco antes, no mesmo livro de Apocalipse, aprendemos que Jesus morreu para resgatar "para Deus homens de toda tribo, língua, povo e nação" (Apocalipse 5:9).

Claramente, o propósito eterno de Deus é, através de Cristo, salvar pessoas de cada grupo (toda *ethne*) do mundo. Portanto, naturalmente Jesus ordena que seus discípulos vão e façam discípulos entre todos os grupos de pessoas (todas as *ethne*) da terra. Esse é um mandamento específico para mim e para você, como discípulos de Jesus — que façamos discípulos dele em todos os grupos de pessoas do planeta.

Você pode se perguntar como estamos realizando essa tarefa. Bem, dos mais de 11 mil grupos representados no mundo atualmente, mais de 6 mil ainda são classificados como "não alcançados" pelo evangelho. Ser "não alcançado" significa tecnicamente que um grupo específico de pessoas tem menos de 2% de cristãos evangélicos. Viver em um grupo "não alcançado" significa praticamente ter pouquíssimo ou nenhum acesso ao evangelho e provavelmente nascer, viver e morrer sem jamais ouvir sobre como se pode ser salvo do pecado por intermédio de Cristo.

Mais de 6 mil grupos no mundo, aproximadamente 2 bilhões de pessoas, são atualmente classificados como "não alcançados".

Isso é inaceitável para os discípulos de Jesus. Nosso Salvador nos deu a ordem de fazer discípulos de todos os grupos de pessoas e não temos escolha senão obedecer. Também não queremos outra escolha. Nós, que temos a vida de Cristo, ansiamos por espalhar seu amor.

Orar, doar e ir

Assim, oramos. Suplicamos: "'Pai nosso, que estás nos céus! Santificado seja o teu nome. Venha o teu Reino; seja feita a tua vontade, assim na terra como no céu' (Mateus 6:9-10). Que teu nome seja louvado e teu Reino espalhado entre todos os povos da terra." Vamos orar para que discípulos sejam feitos e igrejas multiplicadas entre os árabes sauditas, turcos iranianos, *lohars* do sul asiático, somalis do norte da África, brâmanes da Índia e outros 6 mil grupos como esses.

Oramos e doamos. Pesquisadores estimam que os cristãos na América do Norte doam em média 2,5% de sua renda a igrejas locais (que considero ser uma estimativa generosa, mas vamos usá-la).[2] Essas igrejas locais, por sua vez, doam em média 2% desses fundos para espalhar o evangelho em outros países. Em outras palavras, para cada 100 dólares que um cristão professo ganha nos Estados Unidos, ele doa cinco centavos por meio da igreja local para o resto do mundo.

Posto de maneira simples, isso não pode acontecer entre seguidores autênticos de Jesus. Não fomos apenas salvos de nossos pecados; também nos foi confiado substancialmente um grande tesouro. Nas palavras de Steve Corbett e Brian Fikkert, "os ensinamentos bíblicos deveriam penetrar o coração dos cristãos norte-americanos. Seja qual for o critério, somos o povo mais rico que jamais andou sobre o planeta Terra."[3]

Por que somos tão ricos? Estou convencido de que Salmos 67 é a resposta: "Que a terra dê a sua colheita, e Deus, o nosso Deus, nos abençoe! [...] E o temam todos os confins da terra" (Salmos 67:6-7). Deus deu riquezas terrenas a seu povo para um propósito: espalhar seu louvor sobre toda a terra. Discípulos de Jesus vivem de maneira simples e doam em sacrifício porque querem a glória de Cristo sobre todas as nações mais do que conforto, posses e luxo.

Oramos, doamos e vamos de muitas formas, através de diferentes vias e a uma variedade de pessoas. Vamos por uma ou duas semanas em uma parceria bem planejada com aqueles que já há muito tempo fazem discípulos, e participamos de programas de evangelismo de longo prazo ao redor do mundo. Quase toda semana, equipes de irmãos e irmãs deixam suas famílias na fé e vão a diversos lugares e para o meio de diferentes grupos ao redor do mundo a fim de compartilhar e demonstrar o amor de Cristo.

Uma dessas equipes voltou recentemente da maior ilha não evangelizada do mundo. Quase cinquenta grupos étnicos diferentes vivem lá e a maioria deles não tem uma igreja. Milhões de pessoas jamais conheceram um cristão ou ouviram falar de Cristo na região.

Então enviamos uma equipe para trabalhar com os poucos cristãos que existiam naquela ilha. Eles caminharam na companhia de tradutores até vilarejos remotos de um grupo étnico não alcançado. Enquanto andavam, oravam pedindo que Deus fizesse o mesmo que havia feito na vida de Lídia — em sua soberania, abrir o coração de alguém para crer (ver Atos 16:11-15). E foi exatamente o que Deus fez. Nossa equipe compartilhou o evangelho com uma família naquele vilarejo remoto em uma das ilhas menos evangelizadas da terra, e ao ouvirem pela primeira vez sobre Cristo as pessoas daquela casa creram. Desde então os cristãos da ilha continuam o trabalho e iniciou-se uma igreja naquele povoado. Nossa equipe voltou regozijando por participar do privilégio de levar as primeiras pessoas de um grupo étnico à fé em Cristo.

Quando começarmos a executar o plano global de Deus dessa maneira, desejaremos mais. Então, vamos lá! Sob liderança do Senhor, por períodos mais longos, sejam de dois meses ou dois anos. A partir de nossa igreja, vamos enviar discípulos de Jesus ao redor do mundo ao terminarem o Ensino Médio, entrarem na faculdade, se formarem e se aposentarem. Duas vezes por ano nossa igreja envia vários membros que se encaixam em alguma dessas categorias.

Alguns podem ir a viagens de uma ou duas semanas, outros podem ficar fora por um ou dois anos, e muitos podem até ir definitivamente. Quando o Espírito orienta, os discípulos de Jesus arrumam as malas, vendem seus bens e se mudam para outros países para plantar suas vidas entre povos não alcançados. Alguns podem ser pastores ou missionários com treinamento específico para o ministério global, e isso é ótimo. Contudo, tenho certeza de que uma força enorme está aguardando ser desencadeada entre os discípulos de Jesus em várias esferas da sociedade que simplesmente começarão a procurar trabalho ao redor do mundo.

Deus nos deu, na América do Norte, acesso à educação, treinamento e desenvolvimento de habilidades em tantos campos diferentes — medicina, negócios, esporte, educação, engenharia —, e tudo isso é útil aos países ao redor do mundo. O que aconteceria se discípulos de Jesus parassem de presumir que o padrão de onde devemos viver e trabalhar é os Estados Unidos? E se começássemos a intencionalmente procurar emprego em outras nações? E se estudantes de nossas igrejas começassem a estudar com o propósito específico de conseguir empregos em outros países, entre povos não alcançados? Alternativamente, e se esses mesmos estudantes simplesmente começassem a estudar fora com o propósito explícito de fazer discípulos em áreas não alcançadas? Igualmente, e se os empresários começassem a procurar estrategicamente formas de expandir sua influência entre nações não alcançadas? Finalmente, e se seguidores de Cristo começassem a deixar seus locais de trabalho nos lugares habitados pela maioria dos cristãos e começassem a procurar trabalho em locais onde vivem menos cristãos?

Penso em um casal de nossa igreja, Jim e Alicia. Jim é empresário e Alicia é professora. Ambos têm visto e sentido a paixão de Deus por ver sua glória entre as nações e, como resultado, se entreolharam certo dia e disseram: "Será que não podemos fazer negócios e dar aulas entre povos que não têm acesso ao evangelho da mesma maneira como fazemos aqui, onde as pessoas têm acesso irrestrito ao evangelho?" Percebendo como a ideia fazia sentido, decidiram se mudar para a Ásia, onde agora fazem discípulos como empresário e professora, entre um povo não alcançado.

Quem é capaz de imaginar o que aconteceria se — ou quando — multidões de cristãos discipuladores verdadeiramente enxergarem e sentirem a paixão de Deus por ver sua glória entre todos os povos? Esse foi o coração do movimento morávio, literalmente séculos antes do advento da era tecnológica e da globalização. Um em cada sessenta cristãos morávios deixou sua terra natal para espalhar o evangelho entre as nações. Quase todos foram autossustentados, significando que trabalharam em seus vários ofícios enquanto faziam discípulos em diversos países.

Um historiador diz:

> A mais importante contribuição dos morávios foi sua ênfase no fato de que todo cristão é um missionário e deve testemunhar através de sua vocação diária. Se o exemplo dos morávios fosse estudado mais cuidadosamente por outros cristãos, é possível que o homem de negócios tivesse mantido sua posição de honra na missão cristã mundial em expansão.[4]

Como resultado dessa mobilização massiva de homens e mulheres comuns na igreja, os morávios enviaram mais missionários em duas décadas do que todos os protestantes juntos tinham enviado nos dois séculos anteriores.

Isso poderia acontecer hoje? Se verdadeiramente reconhecêssemos que todo discípulo deve fazer discípulos e se realmente percebêssemos que Jesus nos mandou especificamente fazer discípulos de todos os grupos étnicos do mundo, não conseguiríamos aumentar significativamente o número de cristãos enviados a partir de nossas igrejas ao redor do mundo? Enquanto limitarmos as pessoas que enviamos para outros países a pastores treinados e missionários tradicionais, continuaremos a ver um avanço modesto do evangelho entre povos não alcançados. Mas o que poderia acontecer se estudantes, solteiros, casais, famílias e idosos usassem seus dons, habilidades, paixões e treinamento para se dispersarem pelas nações para honra do nome de Deus? Veríamos o cumprimento da grande comissão — discípulos feitos e igrejas multiplicadas em todas as nações — em nossos dias?

E se realmente fizéssemos isso?

Jamais subestime o impacto de discípulos que fazem discípulos. Ao terminar este capítulo, estou na Índia, onde acabo de passar um tempo com dois irmãos em Cristo chamados Anil e Hari, e suas famílias. Eles vivem em um dos lugares mais pobres e espiritualmente desolados do mundo. O estado é habitado pelos mais pobres da Índia e aproximadamente cinco mil pessoas morrem todos os dias nesta região. Anil e Hari estimam que os cristãos evangélicos são aproximadamente 0,1% dos habitantes. Com base na verdade da Palavra de Deus, isso significa que aproximadamente 4.995 pessoas ao redor de Anil e Hari mergulham no tormento eterno todos os dias.

Anil trabalha como diretor de uma escola e Hari é criador de frango. Apesar de amarem seus trabalhos, a sua maior paixão deles é declarar o evangelho às pessoas ao seu redor. Mas há três anos eles tiveram dificuldades em sua fé. Sofrendo resistência ao evangelho de todos os lados, perguntavam-se se alguma pessoa próxima a eles algum dia se converteria a Cristo.

Mas certo dia, em uma conferência, Anil e Hari foram desafiados a fazer discípulos. Foram encorajados a descobrir um vilarejo completamente não alcançado (ou seja, que não tivesse igreja ou cristãos), ir até lá e dizer a quem encontrassem: "Estamos aqui em nome de Jesus e gostaríamos de orar por você e sua família." Anil e Hari acharam aquela ideia maluca e que nunca daria certo, mas estavam no limite e decidiram tentar.

No primeiro vilarejo em que Anil e Hari entraram, um homem se aproximou e Anil começou sua introdução conforme o roteiro: "Estou aqui em nome de Jesus..." Antes de Anil terminar o que estava dizendo, o homem o interrompeu e disse: "Jesus? Já ouvi falar um pouco sobre ele. Pode me falar mais?"

Anil ficou espantado. Olhou para Hari e, voltando a olhar para o homem, disse: "Certamente gostaríamos de falar mais."

O homem então disse: "Bem, espere um momento. Quero reunir minha família e alguns amigos para que ouçam o que vocês têm a dizer."

Estarrecidos, Anil e Hari caminharam com o homem até sua casa, e em questão de minutos vários moradores do vilarejo estavam reunidos lá. Anil e Hari compartilharam o evangelho e as pessoas disseram que queriam ouvir mais. Em poucas semanas, vinte daquelas pessoas haviam se tornado seguidoras de Cristo.

Mas a história não acaba aí. Anil e Hari encorajaram aquelas vinte pessoas a encontrarem vilarejos onde poderiam fazer o mesmo que eles haviam feito. O educador e o criador de frango investiram tempo para fazer discípulos entre algumas pessoas, as quais em seguida se espalharam para fazer discípulos em outras vilas, que, por sua vez, se espalharam para fazer discípulos em outras vilas. Como resultado, desde aquele dia, há três anos, aproximadamente 350 igrejas foram construídas em 350 vilarejos diferentes, onde não havia nada anteriormente.

Quem é capaz de imaginar ou medir o que pode acontecer quando todo o povo de Deus começar a fazer discípulos de maneira devota, humilde, simples e intencional? E se cada um de nós, como seguidor de Cristo, realmente começar a pescar homens? Esse é *o* caminho que Deus planejou para espalhar sua insondável graça até os confins da terra, para sua glória. E essa é *a* vida que Deus ordenou para cada filho seu — desfrutar sua graça ao expandir sua glória a cada grupo de pessoas no mundo.

Capítulo 9
Nascidos para reproduzir

Uma das coisas de maior impacto que já li foi um livreto chamado *Born to Reproduce* [Nascidos para reproduzir], de Dawson Trotman. Eu era estudante universitário e entrei em uma livraria cristã, e um homem que eu mal conhecia me parou, me entregou o que parecia ser um folheto e disse: "Você precisa ler isto." Eu li, e aquilo mudou minha vida.

Em algumas poucas páginas, Trotman desenvolve o conceito de que "toda pessoa nascida na família de Deus deve se multiplicar". Contudo, ele sustenta que a maioria dos cristãos não está se multiplicando. Ele lamenta: "Tenho certeza de que em toda plateia cristã há homens e mulheres que se converteram há cinco, dez ou vinte anos mas não sabem de nenhuma pessoa que hoje vive para Jesus por causa deles."[1] O autor diz que isso é um problema e a razão pela qual o evangelho ainda não se espalhou às nações até hoje.

Em contraste, "o evangelho se espalhou ao mundo conhecido durante o primeiro século sem rádio, televisão ou imprensa porque [a Igreja primitiva] produziu cristãos que estavam *reproduzindo*". Trotman usa a ilustração de como os pais naturalmente reproduzem filhos no contexto do casamento para afirmar que "todo filho [de Deus] deve ser um reprodutor" (grifo nosso).[2]

Essa ilustração tornou-se absolutamente clara para mim nos anos subsequentes. Escrevi com grande prazer sobre a jornada de adoção de minha família, mas aquela jornada começou em dias tristes e difíceis.

Por muitos anos minha esposa e eu tentamos ter filhos biológicos. Finalmente convencidos de que isso não aconteceria, começamos o processo de adoção de Caleb. Então, aproximadamente duas semanas depois de voltarmos do Cazaquistão, cheguei em casa após uma reunião, tarde da noite, e encontrei Heather acordada. Aquilo era incomum.

"Está tudo bem?", perguntei.

"Você precisa se sentar", respondeu Heather.

Preocupado, sentei-me no sofá ao lado dela e esperei.

Ela me olhou e disse lentamente duas palavras chocantes: "Estou grávida."

Fiquei espantado. Depois de anos e anos tentando, não achávamos que aquilo iria acontecer e certamente não planejamos isso. Aparentemente, o que acontece no Cazaquistão *não* fica no Cazaquistão. (Eu realmente acabei de escrever isso?)

Nove meses mais tarde, Heather me acordou no meio da noite dizendo: "Provavelmente é um alarme falso, mas acho melhor irmos ao hospital."

Naquela noite fria de dezembro, chegamos ao hospital e nos disseram que não havia quarto disponível. *Bem apropriado para a época*, pensei — se preparar para ter um bebê na época do Natal e receber a notícia de que não há vaga. *Tudo bem... talvez possamos sair daqui e procurar por um estábulo com uma manjedoura.*

Assim, o hospital nos colocou em um quartinho e conectou Heather a todo tipo de aparelhos. Algumas horas depois conseguiram nos transferir para um quarto padrão. Enquanto nos acomodávamos no hospital, minha euforia era contrabalanceada com a tensão. Falando de forma simples, não sou muito fã de hospitais. Ver sangue não me cai bem. Heather sabe disso, portanto não fiquei surpreso pouco depois ao ouvi-la conversar com a enfermeira.

Primeiro a enfermeira disse: "O médico que fará seu parto permite que os maridos ajudem, se assim desejarem."

Heather riu. "Meu marido jamais faria isso."

Com o orgulho ferido, percebi que aquela era a minha chance de mostrar à minha esposa do que eu era capaz. Antes mesmo de pensar sobre o que estava dizendo, soltei: "Eu gostaria de ajudar no parto."

Heather olhou para mim com um sorriso repentino no rosto. "Gostaria?"

"Sim... claro", balbuciei. "Quem não gostaria de fazer um parto?"

A enfermeira imediatamente entrou em ação, fazendo os preparativos para o parto enquanto Heather permanecia sentada na cama, ainda sorrindo. Enquanto isso, eu suava. *Onde eu estava com a cabeça? Não suporto ver sangue — já me sinto mal só por estar neste quarto — e acabo de me oferecer para fazer um parto?*

Eu precisava de um plano, então decidi que encararia a situação como se fosse uma viagem missionária. Quando você viaja para outros países, faz coisas que normalmente não faz. Você come e bebe coisas que geralmente não come nem bebe. *Em Roma, faça como os romanos*, pensei comigo mesmo. *Portanto, em um hospital, faça como os doutores.*

Além disso, tenho um doutorado, racionalizei. *Tudo bem que é de um seminário, mas que diferença isto realmente faz? No fim das contas, os doutores não são todos bem parecidos?*

Eu andava de um lado para o outro quando o doutor de verdade entrou. Tinha chegado a hora. Enquanto eu vestia jaleco e luvas, o doutor me chamou em um canto e explicou como tudo iria funcionar. Ele usou vários jargões médicos que não entendi e em seguida me perguntou: "Entendeu?"

Sem hesitar, respondi: "Sim, senhor."

A realidade? Eu estava morrendo de medo e passando mal.

Vou poupar-lhes os detalhes, mas, depois de alguns minutos, ele me deu a deixa. Orientou-me a me abaixar e colocar a mão esquerda sob a direita. Senti-me como um jogador de futebol americano. Com uma enfermeira de cada lado, fiquei esperando a bola ser lançada.

De repente, uma cabecinha apareceu — e o tempo parou. Puxei Joshua, uma criança pela qual havíamos orado por muitos anos, e coloquei-o no colo de minha querida esposa enquanto Caleb, nosso primeiro filho, esperava em uma sala fora do centro cirúrgico. Claramente, não poderíamos ter escrito esse roteiro. Só Deus, em sua misericórdia criativa e sabedoria soberana, poderia ter arquitetado essa história cujo enredo tem se adensado desde então. Anos depois do nascimento de Joshua, Heather e eu adotamos nossa filha Mara Ruth, da China. Três meses depois, adivinhe o que aconteceu. Para nossa surpresa, Heather estava grávida novamente.

Quando pensamos naqueles anos de infertilidade, Heather e eu nos lembramos da tristeza e da dor em ansiar por ter um filho e ver que esses anseios não se concretizavam mês após mês. Sentíamos frustração constante por perceber que havia algo errado fisicamente e que impedia essa bênção.

Porém, o Senhor usou essa lição para me ensinar e hoje estou convencido de que se pode dizer que a vida cristã é bem assim. Em seu projeto, Deus criou seus filhos para reprodução espiritual. Ele costurou no tecido do DNA de cada cristão um desejo e uma capacidade de reproduzir. Mais do que qualquer casal espera ver um bebê nascido naturalmente, todo cristão anseia ver pecadores salvos sobrenaturalmente. Todos os que conhecem o amor de Cristo desejam multiplicar a vida dele. Deus formou, moldou e até encheu os cristãos com seu Espírito para esse propósito específico.

Assim, acredito ser razoável concluir que há algo espiritualmente errado no âmago de um cristão se seu relacionamento com Cristo não estiver resultando em reprodução. Colocando talvez de forma mais franca, alguma coisa está errada com um cristão que não leva homens e mulheres a Cristo.

Ser discípulo de Jesus é fazer discípulos dele. Como vimos anteriormente, isso é uma verdade desde o primeiro século, quando Jesus convidou quatro homens para segui-lo. Suas palavras ecoaram ao longo deste livro: "Sigam-me, e eu os farei pescadores de homens" (Mateus 4:19). Mais importante do que procurar peixes em todo o oceano, aqueles homens espalhariam o evangelho pelo mundo todo. Dariam suas vidas não apenas para serem discípulos de Jesus, mas para fazer discípulos dele em sacrifício. E o projeto de Deus para os discípulos do século XXI é exatamente o mesmo. Jesus chama cada um de seus discípulos para fazer discípulos que façam discípulos, até que o evangelho penetre em cada grupo étnico do mundo.

Mas há algo errado. Muito errado. Em algum ponto do caminho perdemos a visão do que significa ser discípulo e deixamos de lado o mandamento de Jesus de fazer discípulos. Reduzimos tragicamente o significado de ser seguidor dele e praticamente ignoramos a expectativa bíblica de que pesquemos homens. O resultado é uma mentalidade desenfreada de espectador que deforma o discipulado na Igreja, reprime a propagação do evangelho ao redor do mundo e, por fim, esvazia cada um de nós do significado de ser cristão.

Um plano pessoal para fazer discípulos

Este livro representa uma tentativa reconhecidamente frágil de tratar uma doença do cristianismo contemporâneo. Enquanto uma multidão de homens e mulheres com frequência afirma vagamente, e muitas vezes falsamente, ser cristã, procurei explorar o que realmente significa seguir Jesus. Tornar-se cristão requer responder ao convite gracioso de Deus em Cristo, e envolve deixar para trás a religiosidade superficial em troca de regeneração sobrenatural. Ao seguirmos Cristo, ele transforma nossas mentes, nossas vontades, nossos desejos, nossos relacionamentos e nossa principal razão de viver. Todo discípulo de Jesus existe para fazer outros discípulos dele, aqui e entre todos os povos do planeta. Não somos espectadores. Nascemos para reproduzir.

E você? Está reproduzindo? Para citar Dawson Trotman:

> Homens, onde está o seu homem? Mulheres, onde está a sua mulher? Onde está aquele a quem você levou a Cristo e que agora segue adiante com ele? [...] Quantas pessoas você conhece pelo nome atualmente que foram ganhas para Cristo por você e que agora vivem para ele?[3]

Meu objetivo ao propor essas perguntas não é fazê-lo sentir-se culpado se não puder respondê-las (ou orgulhoso se puder). Meu propósito é estimulá-lo a considerar como a vida de Cristo *em* você pode ser multiplicada no mundo *por meio* de você.

Talvez uma primeira pergunta mais importante seja esta — você deseja reproduzir? Em seu íntimo, você anseia por ver pessoas conhecendo Cristo por intermédio de sua vida? Espero que sua resposta seja um "sim" sem hesitação e sem culpa. Cristo está mesmo em você? Você crê em sua Palavra? — que afirma ser Cristo o único capaz de salvar pecadores, que Deus é o único digno de adoração e que todo aquele que não receber a graça de Deus em Cristo passará a eternidade no inferno? Você está experimentando a influência de Deus? Tem prazer em conhecê-lo e desejo de proclamá-lo às pessoas que o cercam? Finalmente, você já renunciou a si mesmo em favor da vontade de Deus, a fim de ser sua testemunha no mundo?

Se isso não for realidade em sua vida, não importa que decisão você tomou muitos anos atrás e que igreja frequentou na semana passada — talvez você não seja cristão, pois essas características são o fruto dos seguidores de Cristo. Se você não deseja se reproduzir e não anseia por ver pessoas conhecendo Cristo por meio de sua vida, eu o encorajo a ler as palavras de 2Coríntios 13:5: "Examinem-se para ver se vocês estão na fé; provem-se a si mesmos." Cristo está em você? Se não estiver — se seu coração, sua mente e sua vontade ainda não foram transformados pelo perdão de seus pecados e enchimento do seu Espírito —, eu o encorajo a morrer para o pecado e para si mesmo hoje, e ganhar vida em Cristo.

Por outro lado, se você desejar realmente reproduzir-se como discípulo de Jesus e anseia por ver pessoas conhecendo Jesus por intermédio de sua vida, eu o convido a dar alguns passos em direção a esse objetivo. Todo ano preparo o que chamo de "planejamento pessoal para fazer discípulos". Basicamente, consiste no meu esforço, pela graça de Deus, para definir como seguir Cristo integralmente e pescar homens naquele ano. Cada pastor de nossa igreja elabora um planejamento similar e todos os novos membros de nossa igreja passam pelo mesmo processo. Minha oração é para que cada seguidor de Cristo na igreja que tenho o privilégio de pastorear elabore um plano para seguir Jesus e pescar homens.

Consequentemente, ao terminar este livro, quero convidá-lo a passar por um processo similar e escrever um plano específico para seguir Jesus e pescar homens. Se esta leitura resultar apenas em um entendimento levemente mais claro sobre o que significa ser discípulo, estas páginas terão sido, em sua maioria, desperdiçadas. Mas se o resultado for uma compreensão significativamente maior do que significa ser um discípulo, que inevitavelmente o leva a fazer discípulos aqui e ao redor do mundo, estas páginas terão sido eternamente valiosas. Essa é minha oração.

Portanto, eu convido cada seguidor de Cristo a considerar as seis questões a seguir. Há páginas disponíveis para você escrever seu plano aqui mesmo no livro, mas sinta-se à vontade para registrar seu compromisso da maneira que funcionar melhor para você. Tentei elaborar as questões principais de forma simples, mas também ofereço perguntas adicionais que podem ajudá-lo a materializar o que significa seguir Jesus em cada uma das maneiras abordadas. Não tenho a pretensão de oferecer questões exaustivas, mas creio que são essenciais. Minha esperança e minha oração é que lhe sejam úteis enquanto você reflete sobre o que significa seguir Jesus Cristo.

1. Como preencher minha mente com a verdade?

Seguir Jesus é crer nele. E para crer é necessário ouvi-lo. A vida do discípulo é a de um aprendiz. Constantemente sintonizamos nossos ouvidos para ouvir as palavras do Mestre. Ao nos ensinar por meio de sua Palavra, ele nos transforma neste mundo.

Como discípulos de Jesus, portanto, precisamos intencionalmente preencher nossa mente com sua verdade. Nas palavras de Paulo: "Tudo o que for verdadeiro, tudo o que for nobre, tudo o que for correto, tudo o que for puro, tudo o que for amável, tudo o que for de boa fama, se houver algo de excelente ou digno de louvor, pensem nessas coisas" (Filipenses 4:8). No processo de programar nossa mente para questões divinas, a blindamos contra as questões mundanas. E quanto mais ouvimos e conhecemos Cristo por intermédio de sua Palavra, mais desfrutaremos dele e o honraremos no mundo.

Portanto, separe um tempo para refletir sobre como irá intencionalmente preencher sua mente com a verdade de Deus. Faça especificamente as seguintes perguntas:

- **Como ler a Palavra de Deus?** Você pode começar com um plano de leitura de um capítulo por dia, e possivelmente esse plano irá aumentar para dois, três, quatro ou mais capítulos por dia. Considere o uso de um plano de leitura bíblica que abranja toda a Bíblia ao longo de determinado período de tempo.[4] Se a Bíblia é a revelação da Palavra de Deus a seus filhos, não deveriam todos os cristãos lê-la inteiramente?
- **Como memorizar a Palavra de Deus?** Ao ler, procure versículos, parágrafos e até capítulos que pareçam particularmente significativos e aplicáveis à sua vida. Em seguida, memorize-os. Novamente, você pode começar memorizando um versículo por semana e depois aumentar o volume, conforme for crescendo seu desejo de guardar a Palavra de Deus em seu coração.
- **Como aprender a Palavra de Deus com outras pessoas?** Ler, estudar e compreender a Bíblia não é apenas um esforço individual; é um projeto coletivo. Como vimos no capítulo 7, todos precisamos de pastores (inclusive eu, que atuo como pastor!) que nos ensinem a Palavra de Deus fielmente. Todos precisamos também de irmãos e irmãs que nos

encorajam regularmente com a Palavra de Deus. Assim, como membro de uma igreja e como cristão, de que maneira você planeja aprender a Palavra de Deus de forma consistente por meio de outras pessoas e com elas?

Ao elaborar um plano de leitura, memorização e aprendizagem da Palavra de Deus, não se esqueça de que os discípulos fazem isso não para se informarem, mas para se transformarem. Como pessoas que *creem em* Jesus, somos *seguidores de* Jesus, o que significa que não apenas *ouvimos* a verdade de Cristo — nós *aplicamos* essa verdade. Nosso objetivo como discípulos não é apenas crer na Palavra de Deus, mas obedecê-la. Portanto, quando estiver planejando preencher sua mente com a verdade, proponha-se a seguir aquele que é a própria Verdade.

2. Como alimentar meu amor a Deus?

Apesar de encorajá-lo a levantar e responder a estas questões, tenho consciência da tendência perigosa de a disciplina na vida do discípulo tornar-se mecânica e monótona. Nosso objetivo não é simplesmente conhecer Deus, mas amá-lo, e quanto mais lemos sua Palavra, mais nos alegramos em sua glória.

Nosso objetivo para outras disciplinas espirituais é similar. Quando adoramos, oramos, jejuamos e doamos, estimulamos nosso amor a Deus. Portanto, quero encorajá-lo a planejar intencionalmente de acordo com questões como estas:

- **Como adorar?** Passagens bíblicas como Romanos 12:1 e 1Coríntios 10:31 nos lembram de que tudo na vida é adoração. Paulo escreveu à Igreja em Roma: "Irmãos, rogo-lhes pelas misericórdias de Deus que se ofereçam em sacrifício vivo, santo e agradável a Deus; este é o culto racional de vocês." À Igreja em Corinto, Paulo disse: "Quer vocês comam, bebam ou façam qualquer outra coisa, façam tudo para a glória de Deus." Portanto, considere maneiras gerais por meio das quais você possa se concentrar na adoração em todas as facetas de sua vida. Além disso, à luz da exortação clara das Escrituras de se reunir regularmente na igreja para adoração (ver Hebreus 10:24-25), planeje se encontrar com irmãos e irmãs semanalmente para expressar o desejo coletivo por Deus por meio da adoração.

- **Como orar?** Jesus disse: "quando você orar, vá para seu quarto, feche a porta e ore a seu Pai, que está no secreto. Então seu Pai, que vê no secreto, o recompensará" (Mateus 6:6). Em outras palavras, encontre um local e separe um tempo para estar com o Pai. Você pode pensar: *A Bíblia não nos ensina a orar sem cessar?*" Certamente a Palavra de Deus nos diz isso em 1Tessalonicenses 5:17, mas sei por experiência própria que a oração concentrada em um momento específico é o melhor combustível para se orar sem cessar. Assim, qual será o horário e o local de sua comunhão com o Pai? O simples fato de separar um tempo e um local irá transformar substancialmente sua vida de discípulo de Jesus.
- **Como jejuar?** O próprio conceito de jejum pode ser totalmente novo para você, mas as palavras de Jesus aos discípulos parecem implicar que eles deveriam regularmente deixar a comida de lado para se deleitar tão somente em Deus (ver Mateus 6:16-18). Portanto, se você nunca jejuou, encorajo-o a começar abstendo-se de uma refeição. Uma vez por semana ou uma vez a cada "x" semanas, em vez de tomar o café da manhã, almoçar ou jantar, passe aquele tempo orando e lendo a Palavra de Deus. Quando já estiver acostumado a essa prática e tiver descoberto o valor desses momentos (e você perceberá rapidamente o quanto uma hora a sós com Deus é capaz de preencher-lhe), planeje jejuar por duas refeições em um dia e depois por um período inteiro de 24 horas. Conforme se acostumar com o jejum, você pode pensar em jejuar por dias consecutivos de forma periódica. Independentemente disso, planeje abster-se de comida a fim de aprender a se alimentar de Deus.
- **Como doar?** Quando se pensa em alimentar o amor a Deus, doação pode não ser a primeira coisa que vem à mente. Mas o ensinamento de Jesus sobre doação na Bíblia está diretamente associado ao seu ensinamento sobre jejum e oração. Imediatamente após ensinar seus discípulos sobre doação, oração e jejum, ele diz: "Não acumulem para vocês tesouros na terra. [...] Mas acumulem para vocês tesouros no céu. [...] Pois onde estiver o seu tesouro, aí também estará o seu coração" (Mateus 6:19-21). Note a ligação entre dinheiro e amor. De acordo com Jesus, nosso dinheiro não apenas reflete nosso coração; nosso coração segue

nosso dinheiro. Uma das formas mais eficientes de alimentar o amor a Deus é doando recursos em obediência a ele. Portanto, como discípulo de Jesus, como você doará de forma intencional, generosa, sacrificial e alegre à Igreja e aos necessitados à sua volta e ao redor do mundo? A doação alimenta o amor desinteressado a Deus, que supera desejos egoístas por coisas deste mundo.

Seguir a Jesus envolve não apenas confiança intelectual nele, mas também desejo emocional por ele. Vimos que é impossível separar a fé verdadeira em Cristo dos sentimentos profundos que temos em relação a ele. Assim, como discípulos de Jesus, conscientemente adoramos, oramos, jejuamos e doamos a fim de alimentar nosso amor a Deus.

3. Como compartilhar o amor de Deus como testemunha dele neste mundo?

A vontade de Deus para o mundo e para nossa vida é espalhar seu evangelho, sua graça e sua glória a todos os povos. Em vez de perguntar qual é a vontade de Deus para nossa vida, todo discípulo de Jesus deve perguntar — "Como posso alinhar minha vida à vontade de Deus para que eu seja sua testemunha neste mundo?" Esta pergunta genérica nos leva a questões mais específicas.

- **Quem?** Você deve se lembrar de Matthew, mencionado no capítulo 6, membro da igreja em que sou pastor, que morou em um país muçulmano. Se você lembra bem, quando homens e mulheres se convertem à fé em Cristo naquele país, imediatamente criam uma lista de pessoas conhecidas e se comprometem a compartilhar o evangelho com aquelas com menor chance de matá-las. Agora, é provável que se você estiver lendo este livro, não viva em um país como aquele. Apesar disso, quero propor-lhe o mesmo desafio. Você pode não conhecer muitas pessoas que o matariam por ser cristão, mas está rodeado de pessoas que não são cristãs. Portanto, tire um minuto para escrever o nome de três, cinco ou talvez dez pessoas que não são cristãs e tenham sido colocadas por Deus em sua vida. Depois, comece orando a Deus para que, por meio do poder de seu Espírito, atraia essas pessoas à salvação.

- **Como?** Você e eu temos oportunidades de compartilhar o evangelho todos os dias. No capítulo 8, descrevi como Mark, Kim e Robert constantemente costuram fios do evangelho no tecido de suas conversas diárias. Como você pode fazer o mesmo? No contexto de onde você mora, trabalha e vive e considerando as pessoas colocadas ao seu redor por Deus (incluindo os nomes de sua lista mencionada no tópico anterior), como você poderia falar intencionalmente sobre o caráter de Deus, o pecado do homem, a provisão de Cristo e nossa necessidade de responder a essa provisão? Você se comprometeria a orar todas as manhãs pedindo graça para costurar fios do evangelho ao longo do dia? Você poderia, então, durante todo o dia, procurar intencionalmente oportunidades de compartilhar as verdades do evangelho, estando sempre atento a situações que Deus pode lhe proporcionar para compartilhar o evangelho inteiro e convidar alguém a crer em Cristo?
- **Quando?** Em vez de permanecer sentado passivamente e esperar que as pessoas perguntem sobre Jesus, é sábio pensar em como ativamente demonstrar o amor de Cristo criando oportunidades para falar às pessoas sobre Jesus. Nesse ponto, pense particularmente nas pessoas que você identificou anteriormente. Como você poderia, de forma específica e deliberada, criar oportunidades de compartilhar o evangelho com elas? Você poderia convidá-las para um almoço? Recebê-las na sua casa para jantar? Há alguma outra atividade ou situação da qual você poderia tirar vantagem, seja algo que requeira se envolver um dia seja um final de semana com essas pessoas seja algo simples como escrever uma carta?

Quando tiver identificado *quem*, pense no *como*, planeje o *quando* e não se esqueça do *por quê*. Isso tudo pode parecer manipulado e falso até nos lembrarmos do que está em jogo. Toda pessoa colocada graciosamente por Deus ao nosso redor é um pecador eternamente necessitado de um Salvador. Você já foi essa pessoa um dia, contudo, alguém deliberadamente buscou você para compartilhar o evangelho. Agora esse é o propósito para o qual Deus o salvou graciosamente. Portanto, com a Palavra de Deus em seus lábios e o Espírito em seu coração, busque pela vontade de Deus decidindo hoje segui-la.

4. Como demonstrar o amor de Deus como membro de uma igreja?

A Bíblia contraria o individualismo norte-americano e o consumismo na igreja, convidando todo seguidor de Cristo a se perguntar: *Sou membro ativo de uma igreja local e a ela presto contas?* A pergunta não é: *Meu nome está no rol de membros de alguma igreja?* Ou: *Frequento alguma igreja?* A questão é: *Estou comprometido com uma igreja local onde compartilho minha vida com outros seguidores de Cristo em responsabilidade mútua e sob liderança bíblica, para a glória de Deus?* Se não, a primeira pergunta a fazer é:

- **Onde?** Durante o ano, a igreja que pastoreio promove um curso de quatro semanas para potenciais novos membros. Durante esse período, sempre digo a todos na sala de aula: "Este é o corpo local de Cristo onde você pode fazer discípulos dele da maneira mais eficiente possível?" Se a resposta for "sim", eu os encorajo a unir forças com nossa igreja local, não como espectadores à margem do que acontece, mas como participantes da missão. Se a resposta à essa pergunta for "não", eu os encorajo a se juntar a outra igreja local, onde possam cumprir de forma mais eficiente a ordem de Cristo. Portanto, onde você pode mais eficientemente fazer discípulos de todas as nações? Onde estão os pastores aos quais você pode seguir com segurança por claramente ensinarem e serem modelos da Palavra de Deus? Onde estão as pessoas às quais você servirá e se submeterá como discípulo de Jesus?

  Responder a essas perguntas e comprometer sua vida a uma igreja leva a outra pergunta:

- **O quê?** Analisando a igreja da qual você é membro, considere o que pode fazer para edificar esse Corpo de Cristo e ser por ele edificado. Há pessoas que você possa servir de maneiras específicas? Há algum cargo que você possa exercer para propósitos específicos? O que você fará para colocar sua vida a serviço das pessoas dessa igreja? E o que fará para garantir que haja pessoas cuidando de sua vida em Cristo e que estejam dispostas a puxá-lo de volta quando você começar a se afastar dele?

Seguir Jesus Cristo é amar sua Igreja. Dos pontos de vista bíblico, espiritual e prático, é impossível ser discípulo de Cristo (muito menos fazer discípulos) sem devoção total a uma família de cristãos. Portanto, como sua vida será aplicada na demonstração do amor de Deus como membro de uma igreja?

5. Como espalhar a glória de Deus entre todos os povos?

O propósito eterno de Deus é salvar pessoas por meio de Cristo. A ordem clara de Cristo a todo discípulo é fazer discípulos não apenas de forma geral, mas de todas as nações — toda *ethne* do mundo. Assim, independentemente de onde você mora, como sua vida irá impactar todas as nações, tribos, línguas e povos deste mundo? Essa não é uma pergunta para missionários extraordinários, e sim para discípulos comuns. Considere as maneiras a seguir para desempenhar um papel importante na propagação da glória de Deus até os confins da terra:

- **Como orar pelas nações?** Você e eu temos oportunidade de fazer parte do que Deus está realizando ao redor do mundo a partir de nossos joelhos, em casa. Dessa forma, oremos apaixonadamente para que o Reino de Deus venha e que sua vontade seja realizada em toda a terra. Você pode usar uma ferramenta como a *Operation World* [Operação mundo] (disponível gratuitamente na internet a menos que se deseje uma cópia digital ou impressa) para orar por todas as nações do mundo. Planeje focar sua oração de forma geral nas nações e especificamente nos grupos de pessoas não alcançadas no mundo.
- **Como doar às nações?** No capítulo 8 mencionei que apenas cinco centavos de cada 100 dólares dos cristãos norte-americanos chegam ao resto do mundo por meio da igreja. Pense em como mudar essa realidade. Como você irá sacrificar os desejos em seu orçamento a fim de doar para suprir as necessidades do mundo — mais particularmente a necessidade de todos os povos de ouvir o evangelho? Como membro de uma igreja, como você pode influenciá-la a reduzir programas e prioridades que antes considerava importantes, mas que são fracos em comparação às necessidades físicas de irmãos que passam fome e às necessidades espirituais de homens e mulheres não alcançados ao redor do mundo? Planeje sacrificar-se e gastar por amor às nações.

- **Como ir às nações?** Pense, estratégica, criativa e sabiamente, em maneiras por meio das quais você pode compartilhar o evangelho com outros grupos de pessoas, particularmente os não alcançados (ou seja, os que não têm qualquer acesso ao evangelho). Portanto, pense em formas de alcançá-los, sejam eles somalis muçulmanos, árabes egípcios, budistas tibetanos ou qualquer outro grupo bem perto de você. Pense também em possibilidades para cruzar os mares e ir até esses grupos, seja em uma viagem curta de uma ou duas semanas, seja em um empreendimento de médio prazo de um ou dois anos seja, ainda, um compromisso de longo prazo de dez ou vinte anos. Analise todas as possíveis formas de aplicar sua vida, liderar sua família ou usar seu trabalho para introduzir o evangelho nos grupos de pessoas no mundo, porque você foi criado para isso.

Na igreja que pastoreio, frequentemente fazemos alusão ao que chamamos de "cheque em branco". Como seguidores de Cristo, damos a ele um "cheque em branco" de nossas vidas, o que significa que pertencemos a ele e, por isso, ele pode nos usar na propagação do evangelho pelo mundo. São dele nosso tempo, nosso dinheiro, nossas famílias e nosso futuro. Sem nenhuma reserva. Queremos ir aonde ele nos levar, dar o que ele requisitar e obedecer ao que ele mandar. Toda vez que sentimos Deus nos direcionando como Igreja a mais um povo não alcançado, pedimos que todos na igreja coloquem o "cheque em branco" novamente sobre a mesa e perguntem a Deus se ele quer que sigam naquela direção.

Deus tem sua vida como um "cheque em branco"? Você já colocou tudo à disposição dele e perguntou: "Como o Senhor quer que eu (ou minha família) doe às nações?" Você já perguntou a Deus: "Como o Senhor quer que eu (ou minha família) vá às nações? O Senhor quer que nos mudemos para outro país para propagar teu nome?" Em oração, ao colocar essas questões diante de Deus, tenho certeza de que ele responderá claramente. Como já vimos, mais do que nós mesmos, Deus quer que sua vontade seja realizada por nosso intermédio. Quando o seguimos, ele nos leva a pessoas, lugares e posições aos quais podemos, de forma mais eficiente, fazer discípulos de todas as nações para a glória de seu nome.

6. Como desenvolver discipuladores entre um grupo pequeno de pessoas?

Fazer as perguntas anteriores sobre as nações pode fazer com que nos sintamos pressionados. Será que podemos realmente fazer parte da propagação do evangelho a todos os povos do planeta? A resposta a essa pergunta, no entanto, é surpreendentemente simples.

Pense a respeito. Dentre todos os homens e mulheres que já viveram na terra, Jesus foi o mais apaixonado pela propagação da glória de Deus a todos os povos. E o que ele fez? Passou a vida investindo em algumas pessoas. Sua estratégia para alcançar todos os povos foi clara — desenvolver discipuladores entre um grupo pequeno de pessoas.

Como já vimos, Deus nos leva a viver nos mais variados lugares do mundo. Contudo, independentemente de onde vivemos, temos a mesma tarefa. Seja você um pastor que lidera uma igreja, seja uma mãe que trabalha em casa; esteja você nas montanhas do norte do Afeganistão ou nas planícies do centro-oeste norte-americano, Deus ordenou que todo discípulo faça discípulos. Nenhum cristão está isento desse mandamento, bem como deveria fugir dele. Portanto, cada um de nós olha ao redor e pergunta: "Como posso desenvolver discipuladores entre um grupo pequeno de pessoas?" Essa pergunta se subdivide naturalmente em outras:

- **Como atraí-los?** Desenvolver discipuladores começa com a identificação de um pequeno grupo de homens e mulheres (dependendo, é claro, de seu gênero, supondo que o discipulado funciona melhor em grupos de homens ou grupos de mulheres). Pense em duas, três ou quatro pessoas que Deus colocou em sua esfera de influência e que você pode influenciar a fazer discípulos. Peça a Deus nomes específicos ou, se tiver dificuldades, peça ajuda a um pastor ou líder em sua igreja. Em seguida, convide essas poucas pessoas para passar um tempo com você nos dias subsequentes, com o propósito explícito de crescerem juntos em Cristo.
- **Como ensiná-los a obedecer?** Como vimos, fazer discípulos envolve ensinar as pessoas a obedecer tudo que Cristo ordenou. Então pense sobre como isso irá acontecer com as pessoas nas quais sua vida se concentra. O que precisa ser ensinado da Palavra de Deus? Como essas pessoas devem ser ensinadas de maneira que as ajude a aprender a ler e entender a Pala-

vra de Deus por conta própria? Talvez vocês possam ler um livro da Bíblia juntos ou usar alguma outra ferramenta de estudo bíblico. No entanto, independentemente do que fizerem, não se contente apenas em passar informação. Concentre-se na transformação dessas pessoas. Quando se reunirem, pergunte sobre como estão seguindo Jesus Cristo e pescando homens. Você pode começar usando as seis perguntas aqui propostas para levá-los a desenvolver o próprio projeto de como ser e fazer discípulo. Assim, essas perguntas poderiam se tornar uma base para questioná-las (e para elas, por sua vez, questionarem-se) como estão seguindo Jesus e a quem estão falando dele. Como já vimos, essa relação de responsabilidade mútua, orientada pelo evangelho e repleta de graça, é absolutamente essencial para quem deseja ser e fazer discípulos.

- **Como ser modelo de obediência?** Aqui a tarefa de fazer discípulos se torna interessante e revigorante. Vimos em Mateus 4 que Jesus nos convidou a segui-lo. Contudo, quando o fazemos e começamos a pescar homens, nos vemos em uma posição na qual levamos outras pessoas a nos seguir. Paulo praticamente disse aos cristãos de Corinto: "Sigam-me como eu sigo a Cristo" (ver 1Coríntios 11:1). Ele disse aos cristãos filipenses: "Tudo o que vocês aprenderam, receberam, ouviram e viram em mim, ponham-no em prática. E o Deus da paz estará com vocês" (Filipenses 4:9).

Paulo viveu de tal maneira diante daqueles cristãos que pôde dizer "Sigam meu exemplo." Isso certamente não quis dizer que ele era perfeito, e definitivamente não precisamos ser perfeitos para fazer discípulos. Mas quando você se concentrar nas poucas pessoas que lhe foram confiadas por Deus, elas precisam ver, ouvir e sentir a vida de Cristo em você. Portanto, convide-as para ir à sua casa. Deixe que o vejam com sua família. Mostre-lhes como orar, estudar a Bíblia e compartilhar o evangelho. Na prática, desenvolver discipuladores envolve olhar para esse grupo pequeno de pessoas e dizer: "Sigam-me." Por isso, planeje conscientemente maneiras de mostrar o modelo do que é seguir a Cristo.

- **Como enviá-los?** Ao ensinar os mandamentos de Cristo e servir de modelo da vida de Cristo, um dos mandamentos que você ensina e demonstra é o de fazer discípulos. O objetivo não é apenas que o pequeno grupo de pessoas nas quais você está concentrado siga Jesus, e sim que elas pesquem homens. Portanto, chega a hora em que você encarrega aquelas pessoas de encontrarem outras pessoas para si. Até lá, você já terá demonstrado a elas o que significa fazer discípulos, então envie-as para fazer o mesmo. Claro que você continuará as encorajando, servindo, ensinando, cuidando e orando por eles, mas você irá também deixá-las livres para aproveitar o tempo que passaram juntos e começar a fazer o mesmo com outros. Dessa maneira, sua vida começa a literalmente multiplicar o evangelho no mundo por meio dos discípulos que você fez.

Francis Chan e eu desenvolvemos um material chamado *Multiply* [Multiplicai-vos] com a finalidade de ajudar discípulos a desenvolverem discipuladores na prática. Esse material está disponível gratuitamente no *site* www.multiplymovement.com. Independentemente de você usar esse material, outro recurso ou simplesmente a Palavra de Deus, o objetivo é o mesmo — decidir investir sua vida desenvolvendo disciouladores em um grupo pequeno de pessoas.

O chamado do Rei

Essa foi a estratégia de Jesus para levar as boas-novas da graça e da glória de Deus ao mundo inteiro. Há dois mil anos, ele andava pelas ruas e estradas de Israel iniciando uma revolução, mas essa revolução não girava em torno das massas e multidões — girava em torno de poucos homens. Aqueles discípulos aprenderiam a pensar, amar, ensinar, viver e servir como ele. Ao transformar seguidores, eles se tornavam pescadores. E hoje, você e eu temos o evangelho porque aqueles homens foram fiéis e desenvolveram outros disciouladores.

Assim, sejamos fiéis e façamos o mesmo. Somos seguidores de Jesus. Morremos para nós mesmos e agora vivemos em Cristo. Ele nos salvou de nossos pecados e satisfez nossas almas. Ele transformou nossas mentes com sua verdade, satisfez nossos desejos com sua alegria e moldou nossos caminhos de acordo com sua vontade. Ele nos uniu em corpos de cristãos chamados igrejas para a realização de uma missão única — a declaração de seu evangelho e demonstração de sua glória a todos os povos da terra.

Essa tarefa envolve todos nós. Deus espera que nenhum de seus filhos fique à margem da grande missão, como espectador. Todo filho de Deus foi convidado por ele para estar na linha de frente da mais importante missão de toda a história. Todo discípulo de Jesus foi chamado, amado, criado e salvo para fazer discípulos de Jesus que façam outros discípulos — que, por sua vez, façam discípulos, até que a graça de Deus seja desfrutada e sua glória exaltada entre todos os povos do planeta. E nesse dia, todo discípulo de Jesus — todo seguidor de Cristo e pescador de homens — verá a face do Salvador e contemplará o esplendor do Pai em uma cena de beleza indescritível e felicidade eterna que jamais desvanecerá.

Esse é um chamado pelo qual vale a pena morrer.

Esse é um Rei pelo qual vale a pena viver.

Plano pessoal para fazer discípulos

Registre aqui suas respostas às perguntas propostas no capítulo 9, "Nascidos para reproduzir."

1. Como preencher minha mente com a verdade?

____

____

____

____

Como ler a Palavra de Deus? (Ver página 183)

____

____

____

____

Como memorizar a Palavra de Deus? (Ver página 183)

____

____

____

Como aprender a Palavra de Deus com outras pessoas? (Ver página 183)

2. Como alimentar meu amor por Deus?

Como adorar? (Ver página 184-185)

Como orar? (Ver página 185)

Como jejuar? (Ver página 185)

Como doar? (Ver páginas 185-186)

3. Como compartilhar o amor de Deus como testemunha dele neste mundo?

Quem? (Ver página 186-187)

Como? (Ver página 187)

Quando? (Ver página 187)

4. Como demonstrar o amor de Deus como membro de uma igreja?

Onde? (Ver página 188)

O quê? (Ver página 188)

5. Como espalhar a glória de Deus entre todos os povos?

Como orar pelas nações? (Ver página 189)

Como doar às nações? (Ver página 189)

Como ir às nações? (Ver página 190)

6. Como desenvolver discipuladores entre um pequeno grupo de pessoas?

Como atraí-los? (Ver página 191)

Como ensiná-los a obedecer? (Ver página 191-192)

Como ser modelo de obediência? (Ver página 192)

Como enviá-los? (Ver página 192-193)

Agradecimentos

Quando penso na quantidade de graça necessária para tornar este livro realidade, fico grato a Deus por muitas pessoas, em vários níveis.

Sou grato a Deus pela equipe inteira da *Tyndale* e especialmente por Ron e Lisa, cujo encorajamento, paciência e confiança em mim excederam aos que eu merecia.

Sou grato a Deus por Sealy. Sem seu trabalho incansável e sua amizade confiável eu estaria perdido nesse processo.

Sou grato a Deus pela equipe do livro *Radical*, pela liderança abnegada de Jim, pelo apoio fiel de Cory, pelo serviço apaixonado de Angelia, pela sabedoria graciosa de David e pela dedicação humilde de cada membro dessa equipe.

Sou grato a Deus pelas pessoas em minha vida que demonstraram, da maneira mais pessoal e impactante, o que significa ser e fazer discípulos de Jesus. Sejam elas parceiros de ministério como Francis, mentores do ministério como Jim e Mark ou homens ao redor do mundo, como Anil e Hari. O impacto de vocês em minha vida é inestimável.

Sou grato pelos presbíteros, líderes e membros da Igreja em Brook Hills. Ainda não consigo acreditar que esses irmãos e essas irmãs me permitem pastoreá-los. Este trabalho é fruto de nossa família na fé e da entrega de nossas vidas para a realização conjunta dessa grande missão.

Sou grato a Deus por minha família. Falando de maneira simples, ela sacrificou tudo o que podia para tornar este livro uma realidade. Escrevi este livro especialmente em homenagem a meus quatro filhos, apesar de sabermos que a mãe deles é a verdadeira heroína de nossa família. Sou grato a Deus por Heather, minha linda noiva cujo amor por Cristo brilha intensamente em seu amor, apoio, serviço, encorajamento e cuidado por mim. Sou abençoado além do que as palavras podem expressar.

Mais do que tudo, sou grato a Deus por seu grande convite para ser um discípulo de Jesus. Tremo ao pensar em onde eu estaria sem a graça de seu evangelho. Minha oração singular é que esta graça seja de grande utilidade para ele (João 3:30).

Notas

Prefácio

1. Stark, Rodney. *Cities of God* [Cidades de Deus]. Nova York: HarperCollins, 2006, p. 67.
2. *Asian Report* 197 [Relatório asiático 197]. Out/Nov 1992, 9.

Capítulo 1: Cristãos não convertidos

1. Chambers, Oswald. Yes-but...! In *My Utmost for His Highest* [Meu máximo para o que está nas maiores alturas], registro de 20 de maio. Disponível em: <https://utmost.org/yes%E2%80%94-but/>. Acesso em: 27 mar. 2018.
2. The Barna Group. Most American Christians Do Not Believe that Satan or the Holy Spirit Exist [A maior parte dos cristãos norte-americanos não crê que Satanás ou o Espírito Santo existam]. **BARNA**, Califórnia, 13 abr. 2009, in Faith & Christianity. Disponível em: <https://www.barna.com/research/most-american-christians-do-not-believe-that-satan-or-the-holy-spirit-exist/>. Acesso em: 27 mar. 2018.
3. Ouvi pela primeira vez uma versão dessa ilustração anos atrás, em um sermão de Paul Washer.
4. MANDRYK, Jason. (2010). Jamaica. *Operation World: The Definitive Prayer Guide to Every Nation* [Operação mundo: guia definitivo de oração para todas as nações]. Disponível em: <http://www.operationworld.org/jama>. Acesso em: 27 mar. 2018.
5. Na verdade o oposto é verdadeiro, pois o cristão trava uma batalha contínua para abandonar a idolatria e a imoralidade deste mundo, diferente do não cristão. Esse arrependimento constante na vida diária do cristão é o transbordamento do arrependimento inicial no começo da vida cristã. Essa dinâmica será explorada mais profundamente nas próximas páginas.

Capítulo 2: O grande convite

1. Garrison, Greg. Birmingham's Church at Brook Hills Pastor Pens Book Telling Christians to Avoid Worldly Wealth [Pastor da igreja de Brook Hills, em Birmingham, escreve livro orientando cristãos a evitarem a riqueza mundana]. **The Birmingham News**,

Alabama, jul. 2010. Disponível em: < http://blog.al.com/living-news/2010/06/birminghams_church_at_brook_hi.html>. Acesso em 27 mar. 2018.

Capítulo 3: Religiosidade superficial e regeneração sobrenatural

1. MacArthur, John. *The MacArthur New Testament Commentary* [Comentário do Novo Testamento de MacArthur], vol 2. Chicago: Moody Publishers, 1987, p. 282.
2. Thomas, W. Ian. *The Saving Life of Christ and the Mystery of Godliness* [A vida salvadora de Cristo e o mistério da piedade]. Grand Rapids: Zondervan, 1988, p. 181.
3. Ibid., 101, 85.

Capítulo 4: Não transforme Jesus em seu Senhor e Salvador particular

1. The Barna Group. Most American Christians Do Not Believe that Satan or the Holy Spirit Exist [A maior parte dos cristãos norte-americanos não crê que Satanás ou o Espírito Santo existam]. **BARNA**, Califórnia, 13 abr. 2009, in Faith & Christianity. Disponível em: <https://www.barna.com/research/most-american-christians-do-not-believe-that-satan-or-the-holy-spirit-exist/>. Acesso em: 27 mar. 2018.
2. PASCAL, Blaise. *Pensées* [Pensamentos], seção 592. Além disso, Gary Habermas, provavelmente o mais renomado acadêmico especialista na ressurreição de Jesus na atualidade — que estudou grande quantidade de material de pesquisa sobre a ressurreição e debateu com inúmeros estudiosos sobre cada lado da questão —, conclui: "Quando se consideram as experiências iniciais e os testemunhos oculares dos discípulos, de Tiago e de Paulo, acompanhadas das respectivas transformações e sua mensagem central, a ressurreição histórica de Jesus se torna a única explicação plausível para os fatos". No fim de seu longo tratado sobre a ressurreição, N. T. Wright escreve: "Os cristãos primitivos não inventaram o túmulo vazio, as reuniões ou visões do Cristo ressurreto. Ninguém estava esperando algo assim. Nenhum tipo de experiência de conversão teria inventado isso. Sugerir o contrário é parar de fazer história e entrar em um mundo de fantasia criado por nós mesmos".
3. Denney, James; Maclaren, Alexander. The Epistles of St. Paul to the Colossians and Philemon [As epístolas de São Paulo aos colossenses e a Filemom]. *Expositor's Bible* [Bíblia do comentarista], vol. 31. Nova York: Armstrong, 1905, p. 300.
4. Hofstadter, Richard. *America at 1750: A Social Portrait* [Estados Unidos em 1750: um retrato social]. Nova York: Vintage, 1973, p. 240.

Capítulo 5: Filhos de Deus

1. Packer, J. I. *Knowing God* [O conhecimento de Deus]. Illinois: Downers Grove, InterVarsity Press, 1973, p. 200,201.
2. Wesley, John. *The Journal of the Reverend John Wesley* [Diário do reverendo John Wesley], 29 de janeiro de 1738.
3. Ver Mateus 6:11-15, sobre perdão; Mateus 6:25-33, sobre provisão; Romanos 8:14, sobre liderança; Romanos 8:15, sobre proteção; 1Coríntios 8:6, sobre sustento; 2Coríntios 1:3, sobre conforto; 1Tessalonicenses 3:11, sobre direção; 1Tessalonicenses 3:13, sobre purificação; Hebreus 12:5-11, sobre disciplina; Tiago 1:17, sobre doação; Judas v. 1, sobre chamado; Colossenses 1:12, sobre promessa de sua herança.
4. Edwards, Jonathan, *Religious Affections* [Afeições religiosas], versão resumida e atualizada

de Ellyn Sanna. Uhrichsville, OH: Barbour Publishing, 1999, p. 46-48.

5. Lewis, C. S. *The Weight of Glory: And Other Addresses* [O peso da glória: e outras abordagens]. Nova York: HarperCollins, 2001, p. 26.
6. Lewis, C. S. *Reflections on the Psalms* [Reflexões sobre os salmos]. Orlando: Harcourt, 1986, p. 94,95.

Capítulo 6: A vontade de Deus para sua vida

1. Os nomes desses métodos para descobrir a vontade de Deus não são de minha autoria. Eu os vi em várias fontes diferentes e os adaptei para usar neste livro.
2. Oswald Chambers. Friendship with God. In *My Utmost for His Highest* [Meu máximo para o que está nas maiores alturas], registro de 20 de março, Disponível em: < https://utmost.org/classic/friendship-with-god-classic/>. Acesso em: 27 mar. 2018.
3. Ver João 4:24; 6:63; 14:15-17, 25,26; 15:26,27; 16:4-15; 1Coríntios 2:6-16; 12:1-11; Gálatas 5:22,23.
4. O único que não é diretamente claro a esse respeito é Lucas 1:15,16, mas lembre-se de que isso foi uma profecia sobre João Batista, o precursor de Cristo, cujo propósito na história da redenção era proclamar verbalmente a chegada do Reino de Deus.
5. Ver Atos 2:33, 47; 9:1-31; 10:1-48; 13:1-4; 16:6-10,14.

Capítulo 7: O Corpo de Cristo

1. Ver 1Coríntios 10:16; 2Coríntios 13:14; Filipenses 1:5; 3:10; 1João 1:3-7, respectivamente.
2. Ver 1Coríntios 12:25, sobre cuidado; João 13:34,35, sobre amor; 1Pedro 4:9, sobre hospitalidade; Romanos 15:7, sobre receptividade; Romanos 12:10, sobre honra; Gálatas 5:13, sobre serviço; Romanos 15:14, sobre instrução; Colossenses 3:13, sobre perdão; Hebreus 10:24, sobre motivação; 1Tessalonicenses 5:13, sobre edificação; 1Tessalonicenses 5:11, sobre encorajamento; 2Coríntios 1:3-7, sobre consolo; Tiago 5:16, sobre oração e confissão; Filipenses 2:3, sobre consideração; Romanos 14:19, sobre edificação; Colossenses 3:16, sobre ensino; Efésios 4:32, sobre demonstração de bondade; Atos 2:45 e 2Coríntios 8:9, sobre doação; Romanos 12:15, para chorar uns com os outros; 1Coríntios 12:27, sobre o regozijo uns com os outros; Gálatas 6:1-5 e Mateus 18:15-20, sobre restauração.
3. Bonhoeffer, Dietrich. *Life Together* [Vivendo juntos]. Nova York: Harper & Row, 1954, p. 107.
4. Bonhoeffer, Dietrich. *The Cost of Discipleship* [O custo do discipulado]. Nova York: Touchstone, 1959, p. 288.
5. Ver especialmente Ezequiel 36:22,23; 1Pedro 2:9.
6. Ver Romanos 16:5; Colossenses 4:15; Filemom 1:2.
7. Ver Atos 20; 1Timóteo 3:1-13; Tito 1:5-9; 1Pedro 5:1-5.

Capítulo 8: Uma visão do possível

1. É nisso que livros como 1João alicerçam nossa segurança como cristãos.
2. Generous Giving. Key Statistics on Generous Giving [Principais estatísticas sobre doação generosa]. **Generous Giving**, Orlando, v. 1, jan. 2003. Disponível em: <https://www.epm.org/resources/2003/Jan/1/key-statistics-generous-giving/>. Acesso em: 27 mar. 2018.

3. Corbett, Steve; Fikkert, Brian, *When Helping Hurts: How to Alleviate Poverty without Hurting the Poor... and Yourself* [Quando a ajuda machuca: como aliviar a pobreza sem machucar o pobre... e você mesmo]. Chicago: Moody Publishers, 2012, p. 41.
4. Danker, William, *apud* Tucker, Ruth A. *From Jerusalem to Irian Jaya: A Biographical History of Christian Missions* [De Jerusalém para Irian Jaya: uma história biográfica das missões cristãs]. Grand Rapids: Zondervan, 2004, p. 99.

Capítulo 9: Nascidos para reproduzir

1. Trotman, Dawson. *Born to Reproduce* [Nascidos para reproduzir], p. 5, 12. Extraído de Discipleship Library. Disponível em: <http://www.discipleshiplibrary.com/pdfs/AA094.pdf>. Acesso em: 27 mar. 2017.
2. Ibid., p. 14, p. 10.
3. Ibid., p. 13, p. 10.
4. Para encontrar opções diferentes de planos de leitura bíblica, veja *Read through the Entire Word* [Leia toda a Palavra], na seção "Resources" da página The Radical Experiment [Experiência radical]. Disponível em: <http://www.radicalexperiment.org/resources.html>. Acesso em: 27 mar. 2018.

Sobre o autor

Dr. David Platt é pastor titular da Igreja em Brook Hills, Birmingham, Alabama (EUA). Autor de *Radical: Taking Back Your Faith from the American Dream* [Radical: trazendo de volta sua fé no sonho americano], livro *best-seller* aclamado pelo *New York Times*, David já viajou extensivamente pelo mundo, ensinando sobre a Bíblia e treinando líderes de igrejas. Constantemente aprendendo, cursou duas graduações e três pós-graduações. Ele e a esposa, Heather, moram no Alabama com sua família.

Este livro foi impresso em Joanna MT Std 11.5/15 e
impresso pela umlivro para a Thomas Nelson Brasil.